CUSTÓDIO ALVES BARRETO NETO

A MISSÃO DE DEUS PARA O POLICIAL

Pão Diário
SEGURANÇA PÚBLICA

A *missão de Deus para o policial*
por Custódio Alves Barreto Neto
© Publicações Pão Diário, 2021
Todos os direitos reservados.

Editora: Mariana C. Madaleno
Coordenação Editorial: Viviane Godoy
Preparação de Texto: Mariana C. Madaleno
Revisão de Texto: Cristina Lavrador Alves
Capa: Allan Marcel e Felipe Cavalcanti
Projeto Gráfico: Julio César Silva
Foto: Kico Sanches Studio Digital

Todos os direitos reservados e protegidos pela Lei n.° 9.610, de 19/02/1998.
Nenhuma parte desta publicação poderá ser utilizada ou reproduzida – em qualquer meio ou forma, seja mecânico, fotocópia, gravação etc – nem apropriada ou estocada em banco de dados sem a expressa autorização escrita do autor.

B273p Barreto Neto, Custódio Alves
A missão de Deus para o policial / Custódio Alves Barreto Neto . _ São José dos Campos: Inspire, 2012

Publicações Pão Diário
Caixa Postal 4190
82501-970 Curitiba/ PR, Brasil
publicacoes@paodiario.org
www.publicacoespaodiario.com.br
Telefone: (41) 3257-4028

Código: GN732
ISBN: 978-65-5350-050-1

1.ª impressão: 2021

Impresso no Brasil

Minhas homenagens

A todos os policiais que têm cumprido o juramento
que um dia fizeram perante o altar da Pátria,
e aos quais dedico este livro.

À memória de meu saudoso pai,
José Alves Barreto, a quem dedico
minha carreira como policial da milícia bandeirante.

Ao Senhor dos Exércitos,
Supremo General dos Generais,
a quem dedico a minha vida.

SUMÁRIO

Prefácio 09

Introdução 11

1. Um servo de Deus 13
2. A autoridade 21
3. Mantendo a autoridade 25
4. Não matarás 31
5. Aprendei de mim 35
6. É melhor dar do que receber 41
7. O conselho de João Batista 45
8. Um trabalho com qualidade 57
9. Seja um divulgador dos valores de sua Instituição....61
10. Adquira conhecimento 67
11. Um novo assentamento individual 71
12. Uma nova chance 77
13. Um preparo indispensável 81
14. A participação da Igreja no Policiamento Comunitário 85
15. A missão da Igreja para com a Polícia 89
16. Livre de um assalto 93
17. É tempo de graça para o desertor 97
18. Um policial de Cristo 103

Referências Bibliográficas 109

JURAMENTO DO POLICIAL MILITAR DA POLÍCIA MILITAR DO ESTADO DE SÃO PAULO

Incorporando-me à Polícia Militar
do Estado de São Paulo,
Prometo cumprir rigorosamente
as ordens das autoridades
a que estiver subordinado,
respeitar superiores hierárquicos,
tratar com afeição os irmãos de armas
e com bondade os subordinados,
dedicar-me inteiramente ao serviço da Pátria,
cuja a Honra, Integridade e Instituições,
defenderei com o sacrifício da própria vida!

PREFÁCIO

Este é um livro pioneiro e de conteúdo impactante. Uma pérola. Foi uma ótima iniciativa começar a lê-lo e, ao final, você não será mais o mesmo, pois tenho a certeza de que a sua visão será ampliada e que Deus o guiará no caminho da sabedoria. Lembre-se de que Jesus disse: "Eu sou o caminho, a verdade e a vida, ninguém vem ao Pai a não ser por mim" (João 14:6).

O autor desta obra iniciou sua carreira na Polícia Militar de São Paulo, em 1982. O então aluno oficial Barreto se tornou meu especial amigo e companheiro de jornada no início do curso da Academia de Polícia Militar do Barro Branco, no mesmo pelotão.

Sempre comprometido com a missão e com os valores do Reino, Barreto logo foi reconhecido como um policial militar cristão exemplar. Em 1984, o Cel Paulo de Tarso, nosso capelão e mentor, escolheu-o para ser o primeiro presidente do Grêmio Evangélico da Academia do Barro Branco. O grêmio tinha acabado de ser oficializado, pois há décadas funcionara informalmente como núcleo evangélico.

O grêmio realizava encontros semanais de meditação bíblica e comunhão entre os alunos oficiais. Aquela iniciativa de fortalecimento se tornou uma importante alavanca para a criação oficial da missão PMs de Cristo, anos à frente, em 1992.

Lançamos esta magnífica obra inicialmente em 1998 e a atualizamos ao longo dos anos com a inserção de novos capítulos. Seu texto tem impactado gerações de policiais, capelães e cristãos em geral pela sua abordagem prática e clara. Ela quebra paradigmas sobre como ser policial e ser cristão, sobre a utilização da força letal e tantos outros. Traz luz sobre a visão bíblica do propósito de Deus para o profissional de segurança pública e da responsabilidade do envolvimento da Igreja nesse contexto.

Destaca-se também que a obra serviu para valorizar a dimensão espiritual do policial e despertar gestores de polícia sobre a importância da espiritualidade para a saúde mental, o equilíbrio e a motivação da tropa. Atualmente é referência nacional na formação de capelães e voluntários no âmbito das forças de segurança.

Dessa forma, reconheço esta obra como um marco na história dos PMs de Cristo de São Paulo e da segurança pública no Brasil. É um marco significativo pelo seu pioneirismo e pelo impacto que alcançou. Cooperou diretamente para a construção de uma nova mentalidade cidadã e cristã sobre o papel da Polícia e trouxe luz à verdadeira identidade do policial no cumprimento da sua nobre e divina missão de proteger e servir a sociedade.

No ano em que celebramos os 190 anos da Policia Militar de São Paulo e às vésperas das comemorações dos 30 anos da missão PMs de Cristo, em 2022, louvamos a Deus por este grande presente, a nova edição do livro *A missão de Deus para o policial*, por Publicações Pão Diário, nosso parceiro especial que tem sido destaque no Brasil pelo seu programa de valorização dos profissionais de segurança e pela produção de conteúdo de qualidade. A utilização de mídias modernas está facilitando a comunicação intergeracional.

Parabéns ao meu amigo Barreto, à equipe do Pão Diário e a você, leitor, por estar conosco nesta nova jornada histórica. Temos a certeza de que a glória de Deus será derramada como nunca antes. Creia somente, pois Jesus disse: "Eu não lhe disse que, se você cresse, veria a glória de Deus?" (João 11:40).

Boa leitura!

Coronel PM Alexandre Marcondes Terra
Presidente dos PMs de Cristo — SP

INTRODUÇÃO

Meu objetivo ao escrever este livro é o de, em primeiro lugar, levar uma mensagem de reflexão a todos os policiais, sobre a autoridade que exercem e que foi dada por Deus, com o objetivo de possibilitarmos aos nossos semelhantes uma boa vida sobre a terra, e que este Deus, que nos outorgou a autoridade, um dia irá nos cobrar a maneira como a utilizamos.

Em segundo lugar, desejo mostrar aos demais leitores e, em especial, à Igreja de Jesus Cristo, o que é a Polícia e qual o seu papel no mundo espiritual, procurando assim motivá-los a estar orando por estes homens e mulheres que, como autoridades que são, devem cumprir o papel que por Deus lhes foi designado.

Nascido em um lar cristão, desde pequeno aprendi que devemos orar pelas autoridades e tenho visto isso se realizar em várias igrejas, com fervorosas orações pelo presidente da República, pelos governadores, prefeitos etc. Porém, trago em minha lembrança ter ouvido, com raríssimas exceções, umas poucas orações em favor da Polícia.

Logo que me formei oficial, fiz um curso de especialização em Relações Públicas e pude compreender que um dos maiores objetivos dessa área de estudos é o de obter, para uma determinada empresa ou organização, o apoio dos seus diversos públicos e, em especial, do público externo. Com certeza, ninguém apoiará aquilo que não conhece.

Deus tem colocado este propósito no meu coração, pois creio que o melhor apoio que a Polícia pode receber é este: a oração do Povo de Deus.

"*Se o meu povo, que se chama pelo meu nome, se humilhar, e orar, e me buscar, e se converter dos seus maus caminhos, então, eu ouvirei do céu, perdoarei os seus pecados e sararei a sua terra.*" (2 Crônicas 7.14)

1. Um servo de Deus

"Se alguém me serve, siga-me, e onde eu estiver, ali estará também o meu servo. E, se alguém me servir, meu Pai o honrará". João 12.26.

Desde a infância, sempre fui dedicado à igreja e sempre ouvia as pessoas dizendo que, quando eu crescesse, seria um pastor ou um missionário. Ao completar dezenove anos de idade, entrei para a Academia de Polícia Militar do Barro Branco[1] e, em minha igreja, percebi que muitos irmãos ficaram decepcionados com a minha escolha.

Podia perceber claramente por alguns comentários a mim dirigidos: "Como é, meu irmão, deixou de ser soldado de Cristo para ser soldado do mundo?" E outros comentários que não convém citar. É certo que muitos membros da igreja ficaram contentes e vinham me parabenizar e apoiar pela carreira escolhida. Porém, durante os anos de estudo na Academia sempre me perguntava se realmente era este o caminho de Deus para a minha vida.

---
[1] Escola de formação de oficiais da Polícia Militar do Estado de São Paulo.

Hoje, após mais de quinze anos de polícia e consciente do grande campo missionário que Deus nela tem me mostrado, posso afirmar que Ele tem algo de especial para mim nessa profissão. Creio que fui por Ele incumbido para proclamar que *o policial é um servo de Deus*.

Primeiro, precisamos saber que há uma diferença entre *servir a Deus* e ser *salvo por Deus*. A salvação é algo que provém da fé, é dom de Deus, ministrada a nós por Jesus Cristo. *"Porque pela graça sois salvos, mediante a fé; e isto não vem de vós; é dom de Deus; não de obras, para que ninguém se glorie"*. (Efésios 2.8-9)

Muitos confundem isso, motivo pelo qual Jesus explicou que muitos argumentariam que deveriam ser salvos porque cumpriram propósitos divinos. *"Muitos, naquele dia, hão de dizer-me: Senhor, Senhor! Porventura, não temos nós profetizado em teu nome, e em teu nome não expelimos demônios, e em teu nome não fizemos muitos milagres? Então, lhes direi explicitamente: nunca vos conheci."* (Mateus 7.22-23)

Dessa maneira, podemos afirmar que ser *servo de Deus* não significa ser *salvo*. Da mesma forma, muitos que são salvos por Deus não fazem por merecer o título, pois não servem a Deus de maneira voluntária, necessitando serem impelidos, como foi o profeta Jonas, o qual precisou descer ao ventre do peixe para aceitar a missão dada por Deus.

Nabucodonosor, rei da Pérsia, foi chamado de servo de Deus, uma vez que cumpria um propósito divino: *"Agora eu entregarei todas estas terras ao* poder de Nabucodonosor, rei de Babilônia, **meu servo**; e também lhe darei os animais do campo para que o sirvam." (Jeremias 27.6 – grifo do autor)

Embora Nabucodonosor não pertencesse ao povo hebreu[2] e adorasse outros deuses, e não o Deus de Israel, ele foi designado por Deus para trazer juízo contra seu povo e demais nações vizinhas de Israel, pois estes se mostravam rebeldes e infiéis a Deus.

Assim como Nabucodonosor foi considerado por Deus seu servo, por cumprir um propósito divino, o policial também tem um propósito divino para cumprir. Na condição de servo de Deus ele cumpre uma das missões mais difíceis para um servo: a de opor-se frente a frente às obras do diabo.

No Evangelho de João 10.10, Jesus afirma que *"o ladrão vem somente para roubar, matar e destruir"*; porém, Ele se opunha a esta obra, pois veio para dar vida e vida com abundância. Este tem sido o clamor de todos os homens.

Quem não quer viver muitos anos, com saúde, paz, alegria e prosperidade? Todos querem, mas também vivemos em um mundo onde há uma constante guerra entre o bem e o mal. E, nessa luta entre forças antagônicas, as pessoas tolhidas de sua segurança procuram alguém para socorrê-las. Na hora do desespero, o homem clama a Deus e liga para a Polícia.

São constantes as ligações para o telefone 190, e se vai logo dizendo: "Socorro, polícia, tem alguém tentando me roubar, matar ou destruir". E, neste

---

2 Povo escolhido por Deus, mediante Sua promessa a Abraão.

momento, a sociedade espera, Deus espera, a vítima espera, todos esperam que o policial se oponha à obra do diabo, impedindo que o mal prevaleça.

Passando certo dia por um quartel do Corpo de Bombeiros em São Paulo, li uma frase que deveria estar escrita em todos os quartéis: "Sua confiança está em nós, a nossa em Deus".

Em várias ocasiões, coloquei minha vida em risco para socorrer alguém que estava em perigo. O simples fato de um policial se deslocar em velocidade acima do normal para uma ocorrência, já coloca sua vida em perigo. Nessas situações, o policial age motivado por um amor e por um sentimento de compaixão que muitas vezes ele não sabe de onde vem. E é Deus dizendo a ele: "Você é meu servo".

Fico emocionado quando leio os jornais e vejo policiais dando sua vida para salvar a de outros. Vejo cumprido neles o mandamento de Jesus: *"Amarás o teu próximo como a ti mesmo"*.

Nos momentos de risco, o policial se esquece de seus filhos, de sua família, de quanto ganha e se sente feliz ao se colocar em risco para salvar a vida de alguém a quem ele não conhece e, talvez, nunca vá conhecer ou, ao menos, agradecê-lo pelo ato praticado.

Muitos policiais têm honrado o juramento que fizeram, mas, infelizmente, muitos outros, por não conhecerem o mundo espiritual, ignoram que um dia Deus os irá julgar por todos os seus atos. Em seu desconhecimento de Deus, descumprem o juramento que fizeram perante o altar da pátria, aliando-se às forças do mal, passando a ser mais um motivo de insegurança para a sociedade. Enquanto escrevia a primeira versão deste livro, perdemos em nosso batalhão um valoroso soldado. Refiro-me a Donato, que era motorista do tenente-comandante do policiamento. Por volta das 11 horas, do dia 29 de julho de 1998, foi transmitido à rede-rádio, para todas as viaturas, que estava ocorrendo um assalto no Banco do Brasil, no interior do INPE (Instituto Nacional de Pesquisas Espaciais), em São José dos Campos. Donato e o Tenente Mafuz estavam a menos de dois quilômetros do local do assalto e seguiram para lá. Chegando à portaria do INPE, foram recebidos a bala. Iniciou-se a troca de tiros naquela portaria, porém, uma perua Hyundai passou rapidamente pelo local e, de seu interior, os assaltantes efetuaram uma rajada de metralhadora que feriu mortalmente Donato, que morreu no mesmo local e atingiu o tenente Mafuz, na perna esquerda.

No dia seguinte ao sepultamento de Donato, recebemos em nosso batalhão o telefonema de uma advogada, que queria saber se o soldado Donato, cuja morte havia sido noticiada nos jornais, tratava-se de Donato Gomes Barbosa. Informamos que sim, e a referida advogada lamentou profundamente.

Informou-nos, então, que Donato havia sido incluído no testamento de um de seus clientes, e a mesma queria dar a notícia a Donato, pois seu cliente falecera. Perguntamos o motivo de Donato ter sido incluído no testamento de seu "falecido cliente", e ela nos informou que em certa ocasião seu cliente estava tendo convulsão, e seus parentes chamaram uma viatura da polícia para que o socorresse.

Um dos componentes da guarnição da viatura que para lá foi encaminhada era o soldado Donato. Ao lá chegar, percebeu que aquele senhor estava sendo asfixiado por seu próprio vômito, e informou a família que era necessário fazer ventilação boca a boca, senão ele morreria. No entanto, nenhum dos parentes daquele senhor se prontificou a prestar tal socorro, pois ficaram com nojo do vômito. Assim, o próprio Donato iniciou prontamente a ventilação, salvando a vida daquele homem. Donato é um exemplo de um soldado servo de Deus. Ele cumpriu o mandamento de Jesus, *"Amarás o próximo como a ti mesmo"*.

Transcrevo, a seguir, a carta enviada pelo Sr. Luiz Fernando Canineo, que foi publicada no jornal Vale Paraibano, de 1 de agosto de 1998.

"Nossos heróis"

"Nós não precisamos procurar nos livros de história para encontrar nossos heróis. Eles estão entre nós. Cruzam conosco pelas ruas, em seus trajes cinzas, às vezes à pé, outras vezes em viaturas.

Nós nem sabemos os seus nomes. Em seus uniformes eles se parecem tanto e só percebemos a importância deles quando os chamamos em nossas aflições. Nesses momentos, a ansiedade sempre nos faz parecer interminável a espera por sua chegada.

Em suas vigílias, velam por nosso sono. Com seus revólveres enfrentam submetralhadoras. Sua paga não é o soldo; como o poderia, ser tão pouco?

O que os motiva é o altruísmo, é a vocação de servir, é a abnegação; sentimentos cultivados nas mais nobres das profissões: a dos soldados. Nem mesmo sabemos os seus nomes, até que sacrificam sua vida no cumprimento do dever. Aí sabemos chamarem-se Donato.

Donato é o nome dos heróis de hoje, que tombam em defesa da lei; em nossa defesa.

Seus assassinos, provavelmente, terão a atenção daqueles que distorcem os direitos humanos, mas que não terão tempo para a viúva e a pequena órfã do herói.

Dois assaltantes mortos e um policial.

A proporção nos é dramaticamente desfavorável. Cem deles não valeriam a vida deste. Donato é o orgulho da instituição a qual soube honrar e da sociedade pela qual deu a vida".

Quero novamente frisar que ao declarar que "o policial é um servo de Deus", não significa que estou afirmando ser "salvo no contexto de pertencer ao Reino de Deus". Porém, declaro-lhe que, se você tem procurado servir a Deus e ser justo, o Senhor está lhe procurando e querendo salvar. A Bíblia afirma: *"Clamam os justos, e o Senhor os escuta e os livra de todas as suas tribulações. Perto está o Senhor dos que têm o coração quebrantado e salva os de espírito oprimido"*. (Salmos 34.17-18) Assim ocorreu com o oficial romano Cornélio.

Ele era um centurião romano da corte italiana. A história está relatada no livro de Atos dos Apóstolos, capítulo 10. Ele era um homem *"piedoso e temente a Deus com* toda a sua casa, o qual fazia muitas esmolas ao povo, e de contínuo orava a Deus". Deus manda um anjo e dá instrução a ele para mandar chamar o apóstolo Pedro. Ao mesmo tempo fala com Pedro, para que não recuse o convite e vá até a casa de Cornélio. Lá chegando, Pedro indaga de Cornélio o motivo por tê-lo chamado. Esta é a narrativa bíblica:

"Por isso, uma vez chamado, vim sem vacilar. Pergunto, pois: Por que razão me mandaste chamar? Respondeu-lhe Cornélio: "Faz, hoje, quatro dias que por volta desta hora, estava eu observando em minha casa a hora nona de oração, e eis que se apresentou diante de mim um varão de vestes resplandecentes e disse: Cornélio, a tua oração foi ouvida, e as tuas esmolas, lembradas na presença de Deus. Manda, pois, alguém a Jope a chamar Simão, por sobrenome Pedro; acha-se este hospedado em casa de Simão, curtidor, à beira -mar. Portanto, sem demora, mandei chamar-te, e fizeste bem em vir. Agora, pois, estamos todos aqui, na presença de Deus, prontos para ouvir tudo o que te foi ordenado da parte do Senhor". (Atos 10.29-33)

Se você quer ter um encontro com Deus, faça agora como fez Cornélio. Levante suas mãos, renda-se a Deus e peça que Ele lhe encha com a sua salvação.

Objetivo de Deus para minha vida
Fazer de minha carreira um serviço a Deus.

Oração
Senhor, que eu dedique todo o meu serviço ao Teu dispor.

2. A autoridade

"Todo homem esteja sujeito às autoridades superiores; porque não há autoridade que não proceda de Deus; e as autoridades que existem foram por Ele instituídas". Romanos 13.1

Nossa constituição declara que todo poder emana do povo e em seu nome é exercido. Realmente o poder emana do povo, porém o ser humano esqueceu-se de onde está a verdadeira fonte de todo o poder.

Quando Deus criou os céus e a terra, delegou ao homem a autoridade para dominar sobre a terra, com a seguinte declaração: *"Deus os abençoou e lhes disse: sede fecundos, multiplicai-vos, enchei a terra e **sujeitai-a; dominai** sobre os peixes do mar, sobre as aves dos céus e sobre todo animal que rasteja pela terra".* (Gênesis 1.28 - grifo do autor)

Porém, Deus deu uma restrição ao homem: *"De toda árvore do jardim comerás livremente, mas da árvore do conhecimento do bem e do mal não comerás; porque, no dia em que dela comeres, certamente morrerás".* (Gênesis 2. 16-17)

O homem não conhecia o mal. Só saberemos que o dia é dia quando conhecermos a noite. No dia em que o homem pactuou com o mesmo pensamento de Satanás, ele passou a conhecer o mal em seu coração. O homem começou a mentir, matar, roubar e praticar todos os tipos de pecados. Através do pecado, o homem começou a envilecer[1] tudo o que Deus criara. Deus deu conhecimento ao homem. E este, através da ciência, inventou a faca para cortar os alimentos; mas com a mesma faca ele mata seu irmão. Ele inventou o trator, para com maior facilidade arar a terra, mas logo o transformou em um tanque de guerra, para com mais facilidade matar mais irmãos.

Deus também criou a autoridade e entregou-a ao homem, para que lhe fosse uma bênção. O apóstolo Paulo, escrevendo aos Romanos, no capítulo 13.1-4 diz:

"Todo homem esteja sujeito às autoridades superiores; porque não há autoridade que não proceda de Deus; e as autoridades que existem foram por Ele instituídas. De modo que aquele que se opõe à autoridade resiste à ordenação de Deus, e os que resistem trarão sobre si mesmos a condenação. Porque os magistrados não são para temor, quando se faz o bem, e sim quando se faz o mal. Queres tu não temer a autoridade? Faze o bem e terás louvor dela, visto que a autoridade é ministro de Deus para o teu bem. Entretanto, se fizeres o mal, teme; porque não é sem motivo que ela traz a espada[2], pois é ministro de Deus, vingador para castigar o que pratica o mal".

---

1 Tornar vil, desprezível.
2 Na época, era o melhor armamento disponível para o policial.

Observemos o mesmo texto na tradução da Bíblia
Viva:

"Obedeçam ao governo, porque foi Deus quem o estabeleceu. Não há governo, em parte alguma, que Deus não tenha colocado no poder. Portanto, aqueles que recusam a obedecer às leis da terra estão se recusando a obedecer a Deus, e o castigo sobrevirá. Pois o policial não amedronta as pessoas que fazem o bem; mas aqueles que praticam o mal, sempre terão medo dele. Assim, se você não quiser ter medo, guarde as leis e tudo irá sempre bem. O policial é enviado por Deus para ajudar você. Mas se você estiver fazendo algo errado, é natural que deve ter medo, pois ele terá que castigá-lo. Ele é enviado por Deus exatamente para este fim".

O homem necessita da autoridade para viver. Uma família só sobreviverá se os princípios da autoridade forem respeitados. Os pais são a autoridade dentro do lar e sem ela o lar se deteriora. Por isso, a família é a *célula mater* da sociedade, pois, no lar, o cidadão aprende os primeiros passos para viver em sociedade, principalmente o princípio de autoridade.

A autoridade é necessária em todos os segmentos da sociedade. Na escola ela se apresenta no relacionamento entre o professor e o aluno. No trabalho, entre o funcionário e seu chefe. Para reger todos os relacionamentos entre superiores e subordinados e demais pessoas entre si, foram criadas as leis e delegada autoridade a determinadas pessoas que devem policiar outras pessoas, para que estas não extrapolem os limites legais.

Este poder, dado a determinadas pessoas para policiarem outras, chamamos de "Poder de Polícia".

É um poder que está presente na escola, na figura do inspetor de alunos; na praia, na figura do guarda-vidas; no cinema, na figura do lanterninha; na igreja, na figura do diácono; e nas ruas, na figura dos policiais.

O diabo, consciente da importância da autoridade para a vida do ser humano, tem procurado a cada dia vilipendiar[3] e envilecer toda e qualquer autoridade. Quando um determinado pai erra, isto não significa que a família esteja errada. Quando um determinado político erra, isto não significa que todos os políticos sejam errados. Quando um policial erra, não é a instituição polícia que errou, mas sim o policial. E quem é o policial? Alguém recrutado em Marte, no céu ou no inferno? Todos os nossos policiais são recrutados no seio da sociedade. Quando um policial erra, não é a polícia que errou, mas sim a sociedade.

Ao recrutarmos um policial, gastamos meses para moldá-lo nos padrões desejáveis para um bom policial. Porém, tente imaginar a dificuldade que nossas escolas de formação têm para entregar à sociedade um bom policial. Ela terá que moldar e recuperar em nove meses aquilo que o meio social levou de dezoito a trinta anos deformando ou destruindo, pois esta é a idade para ingresso em nossa corporação.

Objetivo de Deus para a minha vida
Reconhecer que a autoridade da qual fui investido, foi outorgada por Deus.

Oração
Senhor, em Ti reside todo poder e toda autoridade, portanto revesti-me da Tua unção de autoridade.

---

3 Desprezar.

3. Mantendo a autoridade

"Os que abandonam a lei louvam os ímpios, mas os que guardam a lei pelejam contra eles". Provérbios 28.4

Quando vejo a imprensa orquestradamente destruindo uma corporação policial, generalizando comportamentos, e não individualizando atitudes, vejo por trás disto um audacioso plano maligno para desmistificar a autoridade que lhe foi outorgada. Uma das armas mais poderosas em uma guerra é a propaganda, e, quanto mais destruirmos a imagem de nosso inimigo, mais vulnerável ele ficará. Na guerra do bem contra o mal, só a um lado interessa a destruição da figura da autoridade.

Quando o policial recebe autoridade, ele não somente a recebe no mundo material, físico e palpável. Ao mesmo tempo que ele recebe autoridade legal, ele também a recebe no mundo espiritual.

Esta autoridade é representada na Bíblia através da unção. A autoridade no Antigo Testamento era dada àquele que recebia a unção. Foi assim com:

Arão: *"Então, tomarás o óleo da unção e lho derramarás sobre a cabeça; assim o ungirás... e os cingirás com o cinto, Arão e a seus filhos, e lhes atarás as tiaras, para que tenham o sacerdócio por estatuto perpétuo, e consagrarás a Arão e a seus filhos".* (Êxodo 29.7-9)

Rei Davi: *"Tomou Samuel o chifre do azeite e o ungiu no meio de seus irmãos; e, daquele dia em diante, o Espírito do Senhor se apossou de Davi".* (1 Samuel 16.13)

Rei Salomão: *"Zadoque, o sacerdote, tomou do tabernáculo o chifre do azeite e ungiu a Salomão; tocaram a trombeta, e todo o povo exclamou: viva o rei Salomão!"* (1 Reis 1.39)

E foi assim também com diversas outras pessoas escolhidas por Deus para exercerem autoridade.

Quando Davi foi ungido rei de Israel, a Bíblia registra que o Espírito de Deus que estava em Saul se retirou dele (1 Samuel 16.14). Saul foi rejeitado por Deus, por desobedecer às ordenanças divinas. A partir da unção de Davi, Saul continuava legalmente sendo rei, porém, havia perdido a autoridade espiritual que lhe outorgava poder espiritual para ser rei e cumprir os propósitos de Deus.

Quando um cidadão é investido na autoridade policial, no mundo espiritual também é empossado como autoridade espiritual e passa a ser um servo de Deus.

Quando o policial presta o juramento perante o Pavilhão Nacional, comprometendo-se em obedecer às leis, defender os cidadãos, comprometendo-se inclusive a, se preciso for, sacrificar sua própria vida, este compromisso, desde que verdadeiro (pois Deus conhece o coração do homem), é aceito e confirmado no mundo espiritual. No momento do juramento, o policial empenha a sua vida em favor do bem, passando então a ser cumpridor de um propósito divino. Passa a ser um servo de Deus.

Porém, da mesma maneira que o rei Saul desobedeceu a Deus e perdeu a sua autoridade espiritual, muitos policiais também têm perdido sua autoridade espiritual. Eles continuam legalmente como policial, mas já não são servos de Deus. A partir do juramento prestado é necessário que o policial se mantenha fiel a ele. O policial conhece os princípios legais e sabe onde se situa o limite da legalidade. Cada vez que ele ultrapassa esse limite, ele passa à marginalidade e simultaneamente fere a um princípio espiritual.

Quando o policial passa a praticar a marginalidade, ele deixa de servir ao Reino de Deus e passa a ser um servo das trevas. Esta verdade é declarada pelo sábio rei Salomão, no livro de Provérbios 28.4: *"Os que abandonam a lei louvam os ímpios, mas os que guardam a lei pelejam contra eles".*

Logo que me formei aspirante, comecei a trabalhar no policiamento e me espantei quando um policial disse-me que estava sentindo gosto de sangue na boca e sentia uma tremenda vontade de matar alguém. Infelizmente, muitos policiais vivem assim. São dominados pela corrupção, pelo roubo, pela violência. São legalmente policiais, mas vivem a serviço do mundo das trevas.

Isto talvez possa explicar o grande número de alcoolismo, problemas mentais e suicídios nos quadros da polícia. Imagine o conflito interno pelo qual passa alguém que tenta sufocar sua consciência que lhe acusa de ter traído seu juramento, sua pátria, sua família, a lei e a Deus.

Creio que você já deve ter percebido que um dos problemas na polícia é o de identificar quais realmente estão cumprindo o propósito de Deus para sua vida.

Numa guerra, uma das táticas para destruir o inimigo é o de infiltrar espiões nas fileiras do adversário. E não é diferente na guerra travada pela polícia.

São inúmeras as pessoas que entram para as fileiras da polícia, já comprometidas com o reino das trevas. Pessoas que não entram para servir, mas para se servirem e serem servidas.

A Bíblia nos dá as características dessas pessoas, e por estas características você as identificará:

"Pois os homens serão amantes de si mesmos, gananciosos, presunçosos, soberbos, blasfemos, desobedientes a pais e mães, ingratos, profanos, sem afeição natural, irreconciliáveis, caluniadores, sem domínio de si, cruéis, sem amor para com os bons, traidores, atrevidos, orgulhosos, mais amigos dos prazeres do que amigos de Deus, tendo aparência de piedade, mas negando-lhe o poder. Afasta-te também destes". (2 Timóteo 3.2-5)

Se você convive com alguém assim, dou-lhe um conselho: ore por ele, ajude-o, mostre o caminho da verdade. Porém, não o tenha como amigo. Afaste-se dele, pois ele é uma laranja podre e poderá contaminá-lo, apodrecendo você também.

Se você pode entender a grande guerra que está travada no mundo espiritual, peço que esteja orando pela Polícia. Ore para que os policiais mantenham-se firmes ao seu juramento e que Deus tenha misericórdia daqueles que o traíram, para que a tempo possam se arrepender e voltar a praticar a justiça.

Objetivo de Deus para a minha vida
Confiar que Aquele que nos conferiu autoridade, é poderoso para nos manter fiéis.

Oração
Senhor, mantenha-me fiel a Ti e ao juramento que fiz de bem servir a comunidade.

4. Não matarás

"A face do SENHOR está contra os que fazem o mal, para desarraigar da terra a memória deles". Salmos 34.16

Creio que você, como cristão, sabe que um dos mandamentos da lei de Deus é *"não matarás"* (Êxodo 20.13). Logo que entrei para a polícia, muitas pessoas me perguntavam: "E se você tiver que matar alguém?" Talvez esta pergunta também ronde sua cabeça e você já tenha perguntado: "Será que um cristão pode ser um policial, mesmo sabendo que eventualmente poderá ter que matar alguém?"

Muitas pessoas, por não conhecer ou não entender a lei de Deus, acabam tendo um entendimento que a Bíblia assim não quis dizer. Pois vejamos em Êxodo 22.2: *"Se um ladrão for achado arrombando uma casa e, sendo ferido, morrer, quem o feriu não será culpado de seu sangue"*. Ora, se o que matou não pode ser considerado culpado do sangue, embora tenha matado alguém, vemos, então, que pela lei de Deus foi criada uma excludente para determinado tipo de crime.

Como deve então agir o policial, para não ferir o mandamento de Deus? Deverá ele agir dentro da lei. Se ele vier a matar alguém, esta ação deverá ser amparada por um dos excludentes das ilicitudes. Neste caso, o policial, ao matar o agressor da sociedade, agirá exercendo o juízo de Deus contra ele.

No capítulo 20 do livro de Levítico, são descritos diversos tipos penais da lei de Deus, e em diversos deles a pena era a de morte por apedrejamento. E quem executava o apedrejamento não estava matando? E por que não era punido? Simplesmente porque estava no exercício da justiça determinada por Deus, agindo no estrito cumprimento do dever legal.

O policial não é recrutado para matar, porém, se em algum momento, a vida de alguém ou de si próprio estiver em perigo, o policial deverá usar os meios necessários para conter a injusta agressão. Se necessário for, ele matará o agressor, exercendo assim o juízo que por Deus lhe foi outorgado.

Um juiz terá dias ou até anos para estudar um processo, para então condenar alguém a alguns anos na prisão. Embora não tenhamos a pena de morte em nosso código penal, o policial terá, no exercício de sua função, e muitas vezes em questão de segundos, que julgar e, se necessário for, condenar à morte. Ele, como policial, executa algo que nenhum juiz no mundo pode fazer: julgar e ao mesmo tempo executar juízo. Embora preste um serviço ímpar à sociedade, muito pouco é por ela valorizado.

Logo que me formei aspirante-a-oficial, estava no comando de uma guarnição quando, em uma ocorrência, um rapaz de aproximadamente 18 anos apontou uma espingarda em nossa direção. Na defesa de nossas vidas, um policial de minha guarnição sacou seu revólver e disparou um tiro que atingiu aquele pobre infeliz bem no coração. Vi ali a justiça de Deus se cumprindo naquela vida. Ele tentou nos matar. A lei de Deus dizia para ele: *"Não matarás"*. Ele não obedeceu à ordem de Deus e, então, exercemos o juízo de Deus contra ele.

Se você é um policial, certamente saberá os limites da lei. Agindo fora dos limites legais você estará sujeito às leis humanas; e, se porventura escapar delas, certamente não escapará da justiça de Deus.

Objetivo de Deus para a minha vida
Conhecer os princípios legais da Palavra de Deus e andar em Sua justiça.

Oração
Senhor, dai-me o entendimento da Tua Palavra e faça-me andar em Teus caminhos.

5. Aprendei de mim

"Tomai sobre vós o meu jugo e aprendei de mim, porque sou manso e humilde de coração". Mateus 11.29

O apóstolo Paulo, empenhado em pregar a mensagem de Cristo, e preocupado em passar para Timóteo seus últimos ensinamentos, escreve-lhe e recomenda: *"Participa dos meus sofrimentos como bom soldado de Jesus Cristo".* (2 Timóteo 2.3)

Pela recomendação do apóstolo Paulo, percebemos que, para sermos participantes da obra de Deus e de seus propósitos, necessitamos ser um bom soldado de Cristo, moldados pelo seu caráter e também vivendo o que Ele ensinou.

Jesus, falando de si mesmo, declarou: *"aprendei de mim, porque sou manso e humilde de coração"*, e os soldados de Cristo têm que se moldar a esta forma humilde e mansa.

Jesus nos deu o exemplo para tudo e nos ensinou o caminho certo para viver e agradar a Deus. Ele é manso e humilde e nunca abriu mão dessa condição. Talvez você se questione e até afirme que nunca poderá ser um policial e ser um soldado de Cristo, pois há momentos em que é preciso deixar a mansidão de lado e usar a força para conter a injusta agressão ou para fazer prevalecer a ordem. Baseado na Palavra de Deus, quero esclarecer que, se você usou a força ou os meios necessários apenas para impor a ordem, em nenhum momento sua atitude ou comportamento foram violentos. Como policial, você já sabe que juridicamente sua ação foi amparada pelo estrito cumprimento do dever legal. *"Agem em estrito cumprimento do dever legal, os policiais que empregam força física para cumprir o dever."*[1]

Juridicamente você está amparado, mas como iria justificar sua atitude diante da palavra de Deus? O evangelho de João 2.13-16 relata que:

> *"Estando próxima a páscoa dos judeus, Jesus subiu para Jerusalém. Achou no templo os que vendiam bois, ovelhas e pombas, e os cambistas assentados. Tendo feito um chicote de cordas, lançou a todos fora do templo, bem como os bois e as ovelhas; espalhou o dinheiro dos cambistas, derrubou as mesas, e disse aos que vendiam pombas: 'Tirai daqui estas coisas! Como ousais transformar a casa de meu Pai em mercado!'"*

Ao lermos este texto, parece-nos que estamos observando outra pessoa e não o Cristo. A narrativa nos apresenta uma pessoa bem diferente daquele que declarou: vinde a mim as criancinhas; aprendei de mim que sou manso e humilde etc. Porém, por mais estranho que nos pareça, era a mesma pessoa, e Ele nunca men-

---

[1] Evitar fuga de presídio, impedir a ação de pessoa armada que está praticando um ilícito ou prestes a fazê-lo, controlar a perturbação da ordem pública etc. (MIRABETE,1986, p.187).

tiu. Ele sempre foi manso e humilde e nunca se deixou dominar pela violência. Então, como podemos compreender esse comportamento de Jesus? Quando Jesus entra no templo, é Ele quem se depara com a violência. A violência contra a Palavra de Deus, a violência contra a ordem, pois aquele não era um lugar de negócios. Ali era uma casa de oração. E diante dessa violência, Jesus utiliza-se dos "meios necessários" para conter a injusta agressão. Ele utilizou a força para conter a injusta violência.

A violência não deve fazer parte do policial, mas ele deverá estar preparado para usar a força ao reagir contra uma agressão, controlar a perturbação da ordem pública e outras situações que exijam retorno à ordem. Porém, você deve saber os limites de sua ação.

> *"Na reação deve o agente utilizar moderadamente os meios necessários para repelir a agressão atual ou iminente e injusta. Tem se entendido que meios necessários são os que causam o menor dano indispensável à defesa do direito, já que, em princípio, a necessidade se determina de acordo com a força real da agressão. É evidente, porém, que "meios necessários" são aqueles de que o agente se dispõe no momento em que rechaça a agressão, podendo ser até mesmo desproporcional com o utilizado no ataque, desde que seja o único à sua disposição no momento."*[2]

Certa vez, ouvi o testemunho de um tenente sobre um episódio que ouvira durante o curso de armas não letais. Contou-me que um policial foi fazer um curso de

---

2 MIRABETE, 1986, p.183.

policiamento comunitário no Canadá. Durante o curso ocorreu um assalto e iniciou-se uma perseguição a um assaltante. Todos os policiais foram acionados para a ocorrência e o policial brasileiro embarcou em uma viatura em companhia de um policial canadense.

Durante o cerco ao assaltante, este foi cercado pela viatura em que estava o policial brasileiro. Iniciou-se um tiroteio e, acabando a munição do assaltante, este embrenhou-se numa área alagada, sendo perseguido pelo policial canadense e pelo brasileiro. Eles conseguiram alcançar o assaltante e entraram em luta corporal com o mesmo, até dominá-lo. Após ser dominado e algemado, o policial canadense perguntou ao assaltante: *"Are you ok?"* (*"Você está bem?"*) E prontamente foi interpelado pelo policial brasileiro: *"Are you crazy?"* (*"Você está louco?"*) Ou seja, este marginal cometeu um assalto, atirou em nós, resistiu a prisão e nos agrediu, e você ainda pergunta se ele está bem!

Aquele policial olhou para o nosso policial e respondeu: "Isto aqui é a minha profissão. Esta é a diferença entre ele e eu. O dia em que eu agir como ele, serei tão marginal como ele o é".

Querido policial, seja profissional, esta é a sua profissão. Aprenda com Jesus. Sofra também as suas aflições como bom soldado de Cristo. Na nossa profissão passamos por momentos de extrema aflição e haverá momento em que você, para manter a ordem, terá que fazer uso da força; e se você vacilar, sua vida ou de seu companheiro, ou de um inocente, estará em risco ou mesmo poderá ser ceifada. Porém, nunca se esqueça: ela é apenas uma ferramenta que deve ser bem usada. Agindo assim, você estará se mantendo sempre manso e humilde.

Objetivo de Deus para a minha vida
Conhecer e viver a justiça de Deus em minha vida.

Oração
Senhor, faça de mim um profissional exemplar, comprometido com a justiça e a verdade.

6. É melhor dar do que receber

"Mais bem-aventurado é dar do que receber". Atos 20.35

Várias vezes já me indaguei o que é melhor: dar ou receber. Acabei por fim entendendo o que Jesus queria ensinar. Aquele que pode dar, sempre estará em condições de superioridade sobre o que recebe. Ninguém dá aquilo que não tem ou de que não possa dispor. Muitas vezes, alguém recebe algo como herança ou como presente, e terá que vender ou dispor por não ter condições de manter.

Se eu ganhasse um helicóptero, iria vendê-lo o mais rápido possível, pois não tenho condições de mantê-lo. Tomamos assim conhecimento de uma premissa verdadeira: quanto mais se quer dar, mais é necessário ter.

Na vida, acabamos descobrindo a alegria de dar. Quem poderá descrever a alegria de um pai, ao ver o sorriso de um filho que acaba de receber o presente que tanto queria, ou de um namorado, ao presentear sua amada e colher de seu rosto um sorriso de felicidade!

Tenho contemplado, em minha carreira como policial, o olhar de felicidade de um pai ao devolvermos seu filho em segurança; ao devolvermos um carro a seu proprietário; ao devolvermos a segurança a alguém que estava sendo ameaçado. Muitas vezes, muitos policiais dão de si o que têm de mais precioso para poder dar segurança a alguém: dão suas próprias vidas.

Infelizmente, tenho visto muitas pessoas cobrarem da Polícia mais do que lhe é possível. Jesus afirmou: *"Mas àquele a quem muito for dado, muito lhe será exigido; e àquele a quem muito se confia, muito mais lhe pedirão".* (Lucas 12.48)

Vemos assim, pela afirmação de Jesus, que somente se poderá cobrar mais àquele a quem se dá mais.

Meu ex-comandante de batalhão, tenente coronel Athaide Monteiro do Amaral, já viajou para vários países. E, em todos que teve a oportunidade de conhecer, sempre procurou visitar suas polícias. Ele sempre afirmou que, se tivéssemos os meios e o salário das polícias do primeiro mundo, com certeza teríamos uma polícia muito melhor que a deles, pois com o pouco que temos quase apresentamos um trabalho tão bom quanto o deles.

Jesus sempre censurou os fariseus pela sua hipocrisia. Eles queriam impor fardos e receber do povo algo que eles mesmos não tinham condições de dar. Esta mesma hipocrisia tem contaminado nossa sociedade. Às vezes, sinto que a sociedade age como a pessoa que se hospedou num hotel de duas estrelas e queria receber um atendimento de hotel cinco estrelas. Para se ter tratamento cinco estrelas, é necessário se hospedar no hotel certo e pagar seu respectivo preço.

Tenho certeza de que, se a sociedade nos der as condições e os meios necessários, em pouco tempo estaremos retribuindo um serviço idêntico ou melhor que o dos países de primeiro mundo. Isto não é justificativa para trabalharmos mal e sermos negligentes. Pelo contrário, se queremos ser valorizados, devemos dar o melhor de nós, provando, assim, que não somos mercenários; antes, que temos um compromisso com a sociedade e com Deus, e o honraremos independentemente das circunstâncias.

Objetivo de Deus para a minha vida
Saber que o Senhor nos capacita a oferecer o melhor de nós.

Oração
Senhor, conceda-me sabedoria e força para oferecer o melhor de mim, para Te honrar, independentemente das circunstâncias.

7. O conselho de João Batista

"Ouve o conselho, e recebe a correção, para que no fim sejas sábio". Provérbios 19.20

João Batista foi um profeta escolhido por Deus para preparar o caminho para o Messias. Sua mensagem alertava sobre a situação pecaminosa que vivia o povo, avisando-os de que não escapariam do juízo final. Todo aquele que demonstrava sincero arrependimento, era por João batizado nas águas do rio Jordão. Dizia ele que o seu batismo era com águas, mas depois dele viria o Messias e *"Ele vos batizará com o Espírito Santo e com fogo"*. (Lucas 3.16)

A água tem um efeito purificador: ela limpa, lava; porém, o metal mais precioso não pode ser purificado com água. Para se purificar o ouro é necessário usar o fogo. Por isso Deus enviou seu filho Jesus, pois Ele considera o homem muito precioso e quer purificá-lo de todo o pecado. Se você tem uma culpa e não consegue dela se livrar, peça para Jesus purificá-lo com este fogo, pois *"o sangue de Jesus, seu Filho, nos purifica de todo o pecado"*. (1 João 1.7)

João, na sua missão de preparar o coração do povo para receber a mensagem de perdão do Messias, pregava duros sermões. Sua mensagem mostrava que um dia todos nós seremos julgados no tribunal de Deus, e tudo que fizermos de bom e de ruim será revelado e pesado por Deus. João Batista clamava a todos que se arrependessem e procurassem viver uma nova vida.

Certa vez, João acabara de pregar, "*quando se aproximaram dele uns soldados e o interrogaram: 'e nós, que faremos?' Ele lhes disse: 'A ninguém trateis mal, não deis denúncia falsa, e contentai-vos com o vosso soldo'*". (Lucas 3.14)

Certamente, aqueles soldados estavam arrependidos da vida que estavam levando e conscientizaram-se da justiça de Deus e da necessidade de mudança de vida. Ao se aconselharem com João Batista, talvez pensassem eles que João iria lhes pedir para mudarem de profissão. João aconselhou-os a continuarem como soldados, pois seu trabalho era muito importante para a sociedade, porém deveriam primar por uma vida honesta, justa, exercendo justiça com verdade e amor. Creio que, se seguirmos o conselho de João Batista, seremos uma bênção para a sociedade.

Primeiro conselho:
A ninguém trateis mal

Logo que refletimos sobre este conselho, pensamos que ele está endereçado para aquele policial violento, autoritário, rude e sem educação. Realmente, tudo isto é tratar mal. Mas, ao mesmo tempo, poderá ser muito mais do que isto. Poderá ser um comportamento criminoso, arbitrário e incrementado por abuso de autoridade. Porém, há outras maneiras de se tratar mal: o desinteresse, a falta de compaixão, a omissão, a mentira, a ingratidão e o descaso, entre tantos outros.

Às vezes tratamos mal, não porque não sabemos como agir, mas por desconhecer o verdadeiro anseio do nosso cliente. Um bom exemplo é a história do lobinho que chega todo orgulhoso em casa e vai contar ao pai sua primeira boa ação como escoteiro.

E ele diz: "Pai, hoje eu fiz minha primeira boa ação: ajudei uma velhinha a atravessar a rua". E o pai lhe pergunta: "Foi difícil, filho?" O lobinho responde: "Foi, pai, ela não queria ir de jeito nenhum".

Não basta conhecermos nossa missão. Se a executamos alheios à vontade de nossos clientes, de nosso público-alvo, estamos tratando-lhes mal.

Somente poderemos tratar bem a outrem, se nos colocarmos no lugar deste. Jesus declarou em Mateus 7.12: *"Tudo quanto, pois, quereis que os homens vos façam, assim fazei-o vós também a eles".*

Para podermos ser fiéis a este conselho, deveremos cumprir o mandamento de Jesus:

"Amarás, pois, o Senhor, teu Deus, de todo o teu coração, de toda a tua alma, de todo o teu entendimento e de toda a tua força. E o segundo é: Amarás o teu próximo como a ti mesmo. Não há outro mandamento maior do que estes". (Marcos 12.30-31)

Quando amamos a Deus, tudo o que fazemos passamos a dedicar a Ele. O apóstolo São Paulo, escrevendo aos Colossenses 3.17, ensina-nos: "*E tudo que fizerdes, seja em palavra, seja em ação, fazei-o em nome do Senhor Jesus, dando por Ele graças ao Deus Pai*".

Devemos dedicar a Deus o nosso viver, o nosso lar, o nosso trabalho, fazendo o possível para em tudo empenharmos o melhor de nós. E esta será uma prova de que amamos a Deus, ou seja, através de nossas atitudes.

É muito fácil batermos no peito e abrir a boca, afirmando que amamos a Deus. Porém, o verdadeiro amor a Deus se manifesta através de nossas ações.

Na primeira carta de João 4.20, o apóstolo declara: "*Se alguém disser: amo a Deus, e odiar a seu irmão, é mentiroso; pois aquele que não ama a seu irmão, a quem vê, não pode amar a Deus, a quem não vê*".

Vemos, então, que o *amar a Deus* e o *amar o próximo* estão intrinsecamente entrelaçados, e é impossível amar a Deus sem amar o próximo ou amar o próximo sem amar a Deus.

E como amar o próximo? Jesus ensina que devemos amar o próximo como a nós mesmos. Então, é preciso primeiro eu me amar, pois, se eu não me amar, como poderei amar alguém como a mim mesmo? Se eu me odiar, certamente estarei odiando aqueles que me cercam.

Muitas pessoas não conseguem tratar bem a ninguém, pois têm no seu coração rancor, ódio, amargura e outros sentimentos ruins. Mas Deus tem uma mensagem para você. Ele te ama e, para provar Seu amor, entregou o Seu único filho. E, se Deus lhe ama, você também deve se amar. Se você deixar Deus invadir seu coração com Seu amor, este amor vai atingir a si, ao seu próximo, ao seu lar, à sociedade e a todo o mundo.

Deus quer que você se ame e que saiba que é muito importante para Ele, pois lhe investiu de autoridade para possibilitar aos outros uma boa vida sobre a terra. O apóstolo Paulo diz:

"Antes de tudo, pois, exorto que se use a prática de súplicas, orações, intercessões, ações de graças, em favor de todos os homens, em favor dos reis, e de todos os que se acham investidos de autoridade, para que vivamos uma vida tranquila e mansa, com toda piedade e respeito. Isto é bom e aceitável diante de Deus, nosso Salvador". (1 Timóteo 2.1-3)

E isto só ocorrerá se você, como autoridade que é, seguir o conselho de João Batista: a ninguém trateis mal.

Fazendo um curso em São Paulo, capital, encontrei-me com o capitão PM Terra, meu irmão em Cristo e grande amigo de turma. Ele foi por dois anos presidente da Associação dos Policiais Militares Evangélicos do Estado de São Paulo.

Em nossa conversa, contou-me sobre o seu empenho junto ao programa de Policiamento Comunitário. Ele me falava com brilho nos olhos: "Barreto, este projeto de policiamento comunitário é um projeto de

Deus. Não há apenas o envolvimento da Polícia no projeto, mas há um envolvimento de toda a sociedade – as comunidades de bairros, as igrejas, os empresários, as escolas etc. Toda a sociedade envolvida não somente para discutir o *modus operandi* da polícia, mas também para auxiliá-la a prestar um serviço com qualidade total à sociedade".

Creio ser este o caminho para podermos tratar bem a comunidade e prestarmos um serviço com qualidade. Fazer com amor é fazer qualidade total. Fazer ao próximo como a nós mesmos é fazer qualidade total. Fazer, sabendo que Deus quer de nós o melhor em tudo que fazemos, é fazer qualidade total. Viver a Palavra de Deus é viver qualidade total!

Segundo conselho: Não deis falsas denúncias

Logo que um de nossos ex-comandantes gerais assumiu o comando, marcou uma reunião com todos os oficiais capitães e, em suas palavras, discorreu sobre a necessidade de falarmos a verdade e vivermos a verdade. A verdade ao noticiarmos os acontecimentos, ao atendermos as ocorrências, ao tratarmos com nossos superiores e subordinados, a verdade em todo o nosso proceder como policiais.

Ressaltou, ainda, que somente uma instituição transparente se tornaria confiável e que, na sociedade atual, somente as instituições confiáveis sobreviveriam. Enquanto ouvia meu comandante-geral falar, vinha em minha mente uma reflexão sobre a profundidade das palavras de Jesus, quando afirmou: *"e conhecereis a verdade, e a verdade vos libertará".* (João 8.32)

O verdadeiro policial servo de Deus é uma pessoa comprometida com a justiça. A Bíblia está repleta de exemplos nos quais Deus se revolta contra a falta de senso de justiça de seu povo.

Se você é um policial, ou possui outra profissão, e não está pautando a sua vida pelos princípios da justiça, antes, vive a caluniar os outros, a fazer falsas acusações, aconselho-o a prontamente arrepender-se, pois em breve será vítima de seu próprio mal.

O apóstolo São Paulo alertou: *"Não vos enganeis: de Deus não se zomba; pois aquilo que o homem semear, isso também ceifará."* (Gálatas 6.7)

Felizmente, tenho visto muitos policiais, e é a grande maioria, que possuem um imenso senso de justiça, e hoje já não se conformam em somente cumprir sua missão de prender os delinquentes e agressores da sociedade. A grande discussão no meio policial é a de que nada valerá o nosso trabalho se, ao prendermos um ladrão pé de chinelo, com o passar dos anos ele se transforme em Ph.D em criminologia.

Vemos pela Bíblia que não evoluímos muito nos nossos sistemas prisionais; pelo contrário, regredimos muito. A Bíblia nos relata, no livro de Gênesis, a história de José, filho de Jacó, que injustamente esteve preso em um cárcere no Egito, aproximadamente no ano 1720 a.C.[1] Embora tenha ficado preso

---

1 Thompson, 1992, p.36.

nesse cárcere por muitos anos, de lá saiu para ser o segundo homem do reino do Faraó.

Fico pensando se seríamos capazes de aceitar como vice-presidente de nossa nação uma pessoa que tenha no seu currículo alguns dias de "estágio no Carandiru". Sei que você, como policial, pouco poderá fazer para mudar nosso atual sistema prisional; mas, muito já estará colaborando, se não colocar lá um inocente. Um dia, Deus também lhe cobrará isto: não deis falsas denúncias.

Terceiro conselho: Contentai-vos com vosso soldo

Creio que, em outras palavras, João Batista estava dizendo: soldados, contentai-vos com vosso salário, pois o que vocês ganham é o suficiente para terem uma vida digna, sem precisar se corromper, extorquir ou usar de outros subterfúgios para se locupletarem[2].

Sempre que tenho oportunidade, nas instruções e preleções à tropa, comento sobre o conselho de João Batista e sempre sou abordado com a seguinte indagação: "capitão, como vou me contentar com meu soldo, se não é suficiente para custear minhas necessidades de moradia, alimentação, vestuário, escola e tantos outros? Pelo entendimento bíblico, não posso fazer um 'bico'"?

Estas são as orientações que tenho transmitido a meus comandados. Talvez eu não esteja totalmente correto no meu entendimento sobre este assunto, mas tem sido esta a orientação que tenho dado.

---

[2] Enriquecer.

Certamente, o ideal seria que o salário do policial fosse suficiente para cobrir as necessidades básicas.

Porém, se você sente a necessidade de uma renda extra para dar um melhor conforto para sua família, procure então conciliar um serviço extra, onde você não venha abrir mão de ser um policial. Prime para que todos os seus atos sejam pautados dentro de um princípio da moralidade.

Creio que você tem a consciência de que, por ser um verdadeiro policial, é também um servo de Deus.

Na condição de servos de Deus, a Bíblia nos ordena que não podemos servir a dois senhores: *"Ninguém pode servir a dois senhores; porque ou há de aborrecer-se de um e amar ao outro, ou se devotará a um e desprezará ao outro"* (Mateus 6.24)

Em nenhum momento poderemos abdicar de sermos servos de Deus e de nos colocar a favor do bem, lutando contra o mal.

Pergunto-lhe agora: no seu serviço extra, você tem se mantido íntegro ao seu juramento de cumprir a lei e, se preciso for, até com o sacrifício da própria vida? Conheço muitos policiais que trabalham em suas horas de folga em diversos tipos de serviços, sem deixarem de cumprir os preceitos legais. São taxistas, pintores, eletricistas, pedreiros, carpinteiros, mecânicos e professores.

Infelizmente, muitos policiais vão pouco a pouco deixando se envolver pelas forças do mal e passando a servir a dois senhores.

No início do ano de 98, recebi um soldado em minha sala, que veio reclamar da mudança de sua escala e que a referida mudança iria prejudicar seu "bico". Expliquei-lhe, então, que o seu "bico" é que precisava se adaptar à sua atividade policial, e não a atividade policial ao bico.

Ele justificou-se, dizendo que estava endividado, pois possuía duas famílias para sustentar, uma oficial e uma "extra." Indaguei-lhe, então, como se enrolara tanto assim, ao ponto de arranjar uma "família extra". Respondeu-me que, devido ao bico, não tinha tempo para retornar para casa; assim, pouco a pouco foi se envolvendo com uma mulher que conhecera no seu serviço extra.

Eu quis saber que tipo de serviço extra ele estava fazendo, e me respondeu que era segurança em uma boate. Indaguei-lhe se no seu serviço extra teria coragem de dar voz de prisão a algum amigo do dono da boate, mesmo sabendo que com sua atitude certamente perderia o emprego. Neste momento, ele abaixou a cabeça e não me deu nenhuma resposta.

Pedi que olhasse para mim e, chamando-o pelo nome, disse-lhe: Você tem percebido o caminho de morte que você tem andado? Você tem se afundado a cada dia, e já não é mais um verdadeiro policial, pois está servindo a outro senhor e deixando de cumprir a lei. Orientei-lhe que abandonasse aquele bico e informei-lhe que, se fosse surpreendido naquela atividade, seriam tomadas as devidas medidas administrativas.

Antes que saísse de minha sala, perguntei-lhe se poderia orar por ele, com o que ele concordou. Orei, pedindo a Deus que o ajudasse a sair do fundo daquele poço e o auxiliasse a resolver todos os seus problemas. Não tive mais a oportunidade de falar com aquele policial, pois, infelizmente em menos de um mês ele morreu de infarto do miocárdio.

O sábio rei Salomão afirmou: *"Há um caminho que ao homem parece direito, mas o fim dele conduz à morte"*. (Provérbios 14.12)

O apóstolo São Paulo, escrevendo aos romanos, declarou: *"Pois o salário do pecado é a morte, mas o dom gratuito de Deus é a vida eterna, em Cristo Jesus nosso Senhor"*. (Romanos, 6.23)

Pode ser que você esteja muito preocupado em dar conforto para sua esposa ou filho, mas, talvez, o que realmente eles estejam querendo seja a sua atenção e o seu carinho. Pense nisso!

Objetivo de Deus para a minha vida
Fazer da Palavra de Deus um manual de ética e conduta para a nossa profissão.

Oração
Senhor, molda-me com Tua Palavra para que eu possa ser um policial exemplar.

8. Um trabalho com qualidade

"O temor do Senhor é o princípio do saber, mas os loucos desprezam sabedoria e ensino". Provérbios 1.7

Desde algumas décadas, uma das metas prioritárias nas empresas é a qualidade total. Antigamente, tinha-se um custo muito elevado para a produção de um bem ou serviço, pois, necessitavam de grande efetivo para executar a função de fiscalização.

Hoje, os programas de qualidade total procuram implantar uma conscientização em todos os elementos da empresa, na busca de um trabalho que prime pela qualidade. Através de palestras e outros trabalhos na área de recursos humanos, procura-se conscientizar o funcionário de que ele deve ser o fiscal dele mesmo. Ao se autofiscalizar, ele estará produzindo o melhor, sem necessidade de fiscalização. Com isso, todo o grupo acabará ganhando, e a empresa na qual trabalha se fortalecerá, oferecendo um produto com qualidade ao cliente com um custo menor.

Podemos observar que o princípio da fiscalização não foi abandonado, mas sim aprimorado, pois, a partir do momento em que o próprio funcionário se fiscaliza, criamos nele o temor disciplinar e a autodisciplina.

O temor e a disciplina são indispensáveis para o ser humano. A Bíblia afirma que o temor do Senhor é o princípio do saber. Podemos então concluir que o temor do Senhor nos ensina a sermos disciplinados.

O que difere o homem do animal irracional é o fato dele possuir o temor, a disciplina e o conhecimento. Muitas vezes, porém, ele se sente sem fiscalização, e por não possuir temor e autodisciplina, e também por não crer no juízo divino, passa então a viver e agir no "limite da irresponsabilidade".

Não quero citar exemplos, mas creio que você tem em sua memória um monte de episódios onde policiais, fiscais, pastores, padres, políticos, ou demais pessoas que deveriam agir como fiscais da lei, da moral e dos bons costumes, exacerbaram de suas funções e cometeram atos que nos causam repúdio e indignação.

Como seria bom se as pessoas tivessem em seus corações o "temor do Senhor". Não teríamos tanta injustiça, violência e corrupção. Consciente disto, o salmista declara: *"Feliz a nação cujo Deus é o Senhor"*. (Salmos 33.12)

Observe que os mandamentos de Jesus nos ensinam a vivermos qualidade total. Se eu temo a Deus e faço tudo para agradá-lo e tenho consciência de que seu mandamento me ensina a amar o próximo como a mim mesmo, tudo o que eu fizer, estarei fazendo como se fosse para mim.

Se eu trabalhasse numa sapataria e fosse fazer um sapato para eu mesmo usar, com certeza faria o sapato mais bonito e com o máximo de conforto e resistência. E é assim que Deus quer que eu trabalhe, fazendo para os outros como se fosse para mim mesmo, pois isto é amar ao próximo. Uma mãe pode não ter os melhores gêneros alimentícios para fazer o almoço para seus filhos, mas se ela os ama realmente, eles irão comer a melhor comida que alguém poderá fazer, pois será temperada com amor.

A Bíblia nos conta, no livro de Gênesis 37-50, a história de José. Ele foi levado como escravo ao Egito e lá foi trabalhar na casa de Potifar.

Logo ele se destacou entre todos os criados, e Potifar colocou-o na administração de seus bens. Conta-nos a Bíblia que a esposa de Potifar ficou apaixonada por José. José poderia usar deste episódio para conseguir maiores mordomias, pois já gozava da confiança de Potifar e também gozaria da graça da infiel esposa. Ele tinha todas as facilidades para enveredar-se pelo caminho do erro. Potifar ficava todo o tempo fora de casa, pois servia junto ao palácio do Faraó.

José tinha o temor de Deus em seu coração e trabalhava para Potifar como se fosse para si próprio. Não aceitou os planos da esposa de Potifar, e esta, furiosa, inventa uma mentira para incriminar José.

Ele é levado ao cárcere e lá também se destaca e passa a administrar a prisão. Acho que José foi o pai da qualidade total, pois em todo local aonde ele ia, assumia um posto de liderança, pois seu trabalho, independente das condições, era feito com amor.

Certa vez, por indicação do copeiro-chefe do Faraó, que conhecera José na prisão, José foi chamado à presença do Faraó para interpretar um sonho. Recebendo de Deus o entendimento do sonho, José declara ao Faraó que haveria sete anos de grande fartura, e, logo após, sete anos de fome; então o alerta a prevenir-se, estocando alimentos nos anos de fartura, para sobreviverem nos sete anos de escassez de alimentos.

Por viver uma vida pautada no temor ao Senhor, José alcançou grande sabedoria, fato este testemunhado pelo Faraó:

"Perguntou Faraó aos seus oficiais: Acaso acharíamos um homem como este, em quem haja o Espírito de Deus? Depois disse o Faraó a José: Visto que Deus te fez saber tudo isto, ninguém há tão entendido e sábio como tu. Tu estarás, sobre a minha casa, e por tua boca se governará todo o meu povo. Somente no trono eu serei maior do que tu." (Gênesis, 41.38-40)

Se você quer ser uma bênção para si mesmo, para sua família e para toda a sociedade, peça a Deus que invada a sua vida com o Seu temor.

Repito: viver a palavra de Deus é viver a qualidade total.

Objetivo de Deus para a minha vida
Reconhecer que o temor do Senhor é o caminho para uma vida com qualidade.

Oração
Senhor, dai-me força e sabedoria para apresentar um trabalho de excelência.

9. Seja um divulgador dos valores de sua Instituição

"Quanto ao mais, irmãos, tudo o que é verdadeiro, tudo o que é honesto, tudo o que é justo, tudo o que é puro, tudo o que é amável, tudo o que é de boa fama, se há alguma virtude, e se há algum louvor, nisso pensai." Filipenses 4.8

Você já percebeu que muito dos valores de nossa Instituição Policial Militar são ao mesmo tempo valores espirituais?

Quando entrei para a Polícia Militar do Estado de São Paulo, passei a frequentar os bancos acadêmicos da querida Academia do Barro Branco, e logo no saguão de entrada desta casa de ensino, me deparei com duas colunas, sendo que numa está escrito "hierarquia" e em outra "disciplina".

Na primeira palestra que tivemos com o comandante da ESFO (Escola de Formação de Oficiais), este nos esclareceu sobre os dois valores que sustentam aquela casa de ensino: a hierarquia e a disciplina.

Estes mesmos valores apregoados pela Academia do Barro Branco foram os primeiros valores espirituais a serem descumpridos, segundo nos relata a

Bíblia. Primeiro por um querubim que não respeitou sua hierarquia e tentou usurpar posto que não lhe pertencia, e segundo, por um casal que não guardou a disciplina dada por Deus, tomando do fruto que não podia comer. Todos os males de nossa humanidade são frutos do desrespeito a estes dois valores espirituais (hierarquia e disciplina).

Pude constatar em minha vida e na vida de outros policiais cristãos, que nossos valores cristãos sempre foram fortalecidos e lapidados pelos valores assimilados em nossa polícia militar, pois os valores que guardamos se alinham com os valores espirituais da fé cristã.

E não é de hoje que os valores do soldado se alinham com os valores do Cristianismo. Quando Paulo alertou seu discípulo Timóteo sobre a guarda dos valores cristãos ele ressaltou os valores do bom soldado:

> "E o que de mim, entre muitas testemunhas, ouviste, confia-o a homens fiéis, que sejam idôneos para também ensinarem aos outros. Sofre, pois, comigo, as aflições, como bom soldado de Jesus Cristo. Ninguém que milita se embaraça com negócios desta vida, a fim de agradar àquele que o alistou para a guerra. E, se alguém também milita, não é coroado se não militar legitimamente". (2 Timóteo 2.2-5)

Agradeço a Deus, pois a cada dia nossa instituição se desperta para a busca de valores que se alinham a valores espirituais. Em nosso comando regional do Vale do Paraíba e Litoral Norte, foi instituído, o Código de Conduta do Policial Militar do Comando de Policiamento do Interior 1 - CPI/1, e vários policiais foram designados multiplicadores desse código de conduta. Dentre as diversas orientações desse código, ressalto o capítulo que aborda a busca dos seguintes valores organizacionais:

Verdade real: Agir em defesa da vida, da integridade física e da dignidade das pessoas, independente de provocações ou circunstâncias, buscando sempre a verdade real.

Respeito ao semelhante: servir a população como gostaria de ser servido, manifestando educação, zelo, cordialidade e respeito a todas as pessoas.

Honradez: agir com honestidade de propósito, probidade, patriotismo, civismo e coragem.

Solidariedade: Pautar as relações humanas no ambiente de trabalho pelo respeito à hierarquia, disciplina, fraternidade, justiça, lealdade, constância de propósito e profissionalismo.

Todos esses valores foram amplamente abordados nos ensinos de Jesus: a busca da verdade, da honradez e do amor ao próximo.

Buscando ressaltar o compromisso com seus valores, a Polícia Militar do Estado de São Paulo adota nos rodapés de todos os documentos, a seguinte frase: *"Nós, Policiais Militares, sob a proteção de Deus, estamos compromissados com a defesa da Vida, da Inte-*

gridade Física e da Dignidade da Pessoa Humana".

Esta declaração de valores é ao mesmo tempo uma declaração de fé e de compromisso de cumprir os dois grandes mandamentos ensinados pelo grande mestre Jesus Cristo:

> *"E Jesus respondeu-lhe: O primeiro de todos os mandamentos é: Ouve, Israel, o SENHOR nosso Deus é o único Senhor.* **Amarás, pois, ao Senhor teu Deus de todo o teu coração***, e de toda a tua alma, e de todo o teu entendimento, e de todas as tuas forças; este é o primeiro mandamento. E o segundo, semelhante a este, é:* **Amarás o teu próximo como a ti mesmo***. Não há outro mandamento maior do que estes".*
> (Marcos 12.29-31 – grifo do autor)

Ao declararmos que cumprimos nossa missão debaixo da proteção de Deus, invocamos as bênçãos do Criador para o cumprimento de nossa missão. Estamos assim declarando nosso compromisso para com o primeiro mandamento – *"Amarás, pois, ao Senhor teu Deus de todo o teu coração"* –, pois só busca proteção em Deus aquele que o teme e o ama.

Nossa declaração de compromisso com a Defesa da Vida, da Integridade Física e da Dignidade da Pessoa Humana, é a clara expressão de nosso compromisso com o segundo mandamento ensinado por Jesus – *"Amarás o teu próximo como a ti mesmo."*

Por que podemos afirmar que esta declaração impressa em todos os documentos é uma declaração de fé? Porque o próprio Cristo afirmou que aquilo que declaramos é evidência do que está em nosso coração. *"Pois da abundância do coração fala a boca"*. (Lucas 6.45b)

Esta declaração no rodapé de nossos documentos é a oração, que como Instituição fazemos, para que todos os componentes de nossa querida Polícia Militar do Estado de São Paulo cumpram estes dois grandes mandamentos ensinados por Jesus: amar a Deus de todo o coração e o próximo como a nós mesmos.

Infelizmente, às vezes, surpreendemos policiais falando mal de sua instituição, de sua OPM, de seu comandante ou superior hierárquico. O professor Luiz Almeida Marins Filho define estas pessoas que só falam mal de sua empresa, da vida e de tudo mais, como "os sugadores de energia".

Como cristãos, temos que nos opor a este comportamento maledicente e nefasto. O cristão é um portador de boas novas. E caso você não pense assim, relembro o conselho do Apóstolo Paulo aos cristãos de Filipo (Filipenses 4.8):

"Ocupem suas mentes com, tudo que é verdadeiro, tudo que é justo, tudo que é puro, tudo que é amável, tudo que é de boa fama, tudo que possua virtude, tudo que seja louvável".

Se seguirmos o conselho de Paulo, seremos hábeis multiplicadores dos valores de nossa instituição e, por conseguinte, propagadores dos valores espirituais do bom soldado de Cristo.

Objetivo de Deus para a minha vida
Ser um multiplicador de valores em minha Instituição.

Oração
Agradeço-Te Senhor pelos valores de minha Instituição. Peço que o Senhor continue fazendo dessa Instituição um instrumento para lapidar minha vida, para que eu possa ser a cada dia um bom soldado de Cristo.

10. Adquira conhecimento

"Aplica o teu coração à instrução e os teus ouvidos às palavras do conhecimento". Provérbios 23.12

No ano de 1986, recebi a determinação de meu comandante de batalhão para fazer um curso de relações públicas na Academia de Polícia Militar do Barro Branco, em São Paulo, curso este com duração de dez meses, o que me obrigou a fixar residência naquela capital.

Na época eu trabalhava no policiamento no município de São Sebastião, litoral norte do Estado de São Paulo. O curso iniciou-se no mês de fevereiro e eu estava com casamento marcado para o dia 15 de março daquele mesmo ano. O referido curso causou-me uma série de transtornos, pois estava com contrato de aluguel de uma casa em São Sebastião onde pretendia residir com minha esposa. Tive minhas férias programadas para o mês de março canceladas em virtude do curso, o que impossibilitou uma viagem de lua de mel.

Todo este transtorno fez com que eu prometesse para mim mesmo que nunca mais iria fazer qualquer outro curso na PM. Porém, no ano de 1992 fui escalado para fazer um curso de pronto-socorrismo no Corpo de Bombeiros (RESGATE). Apresentei-me ao meu comandante e informei-lhe de meu descontentamento, pois eu era um dos tenentes mais antigos do Batalhão e não queria fazer o curso. Solicitei então que fosse escalado um oficial mais jovem. Meu comandante foi muito atencioso comigo. Ouviu-me e tão somente ouviu. Na semana seguinte lá estava eu fazendo mais um curso escalado.

O curso teve a duração de um mês e foi ministrado no 11º Grupamento de Bombeiros, em São José dos Campos.

Alguns meses depois de concluído o curso, já em Ubatuba, onde residia com minha família, fui a uma padaria em companhia de minha esposa e de meu filho caçula. Minha esposa aguardou no carro e desci em companhia de meu filho João Marcos que na época tinha apenas dois anos de idade.

Ao passar pelo caixa percebi que o proprietário da padaria dava uma bala para meu filho. Já no carro e a caminho de casa minha esposa percebeu que meu filho estava engasgado. Olhei para trás e observei que o menino estava asfixiado. Tentando respirar fazia movimento com o pescoço. Seu corpo já esmorecia e estava ficando com o rosto e os lábios roxos. Observei no banco de trás do carro um papel de bala *soft*. Estacionando rapidamente o carro, retirei o menino e observei que não dava para pinçar a bala com os dedos. Em fração de segundos lembrei-me dos ensinos do curso de pronto-socorrismo e apliquei em meu filho a manobra de Hemlich, manobra efetuada em pronto-socorrismo para desobstrução das vias aéreas. A manobra foi tão eficiente que o garoto chegou a vomitar expelindo a bala que o asfixiava.

Após ter salvo a vida de meu filho, agradeci a Deus pela oportunidade que me deu de fazer o curso de pronto-socorrismo no Corpo de Bombeiros. Pedi perdão por ter ficado chateado com meu comandante e agradeci pela abençoada escala para fazer o curso.

Todas as vezes que me lembro desse episódio, agradeço a Deus pela vida de meus instrutores de pronto-socorrismo, capitão Alexandre, capitão Gerson e especialmente ao sargento Sanches, pois foi em suas aulas que foi ministrada instrução sobre a manobra de Hemlich.

Querido amigo policial, quero com este meu testemunho incentivá-lo a estudar, se especializar, ler e buscar conhecimento. Em muitos estágios de especialização profissional onde sou instrutor e muitas vezes instruendo, percebo algumas pessoas aborrecidas por estarem participando do estágio ou do curso. Procuro sempre que posso, contar sobre o episódio no qual, por meio do conhecimento adquirido em um curso escalado, pude salvar a vida de meu próprio filho.

Do conhecimento adquirido dependerá a nossa vida, a de outrem, ou a de alguém que nos é muito querido.

Objetivo de Deus para a minha vida
Reconhecer que a Palavra de Deus nos dá orientação e motivação para crescermos em conhecimento.

Oração
Agradeço-Te Senhor pelas oportunidades de aprendizado e que eu possa sempre ter um coração humilde para reconhecer que necessito a cada dia aprender algo novo.

11. Um novo assentamento individual

> *"Havendo riscado o escrito de dívida que havia contra nós nas suas ordenanças, o qual nos era contrário, tirou-o do meio de nós, cravando-o na cruz".* Colossenses 2.14

Cada policial militar possui um assentamento individual, onde são transcritas todas as alterações de sua vida policial: férias, dispensas, elogios, punições, condenações e outros dados. Essas informações acompanharão toda a carreira do policial, influindo em seu comportamento, positivamente ou negativamente, de acordo com seu desempenho e atitudes pessoais.

Muitas vezes, alguns policiais são impedidos de receber uma promoção ou de fazer um curso, pois possuem em sua "folha 9" (folha na qual ficam anotadas as punições) alguma punição desabonadora ou várias punições que o coloquem no "mau comportamento". É constante a expulsão de policiais da corporação, por possuírem um comportamento incompatível à função policial ou por terem praticado atos desabonadores.

Tenho certeza de que muitos policiais gostariam de ter a oportunidade de receber um novo assentamento individual. Conversando certa vez com um ex-policial, ele confessou-me estar arrependido de todos os seus erros e que gostaria de poder um dia ter a chance de começar tudo de novo, a fim de corrigir os erros do passado.

Espiritualmente, Deus nos dá esta chance. A Bíblia está repleta de exemplos de pessoas que levaram uma vida iníqua para com Deus e para com a sociedade, mas que receberam das mãos de Jesus uma nova oportunidade. Tenho para mim, como um exemplo mais lindo de arrependimento e de mudança de vida, a história de Zaqueu.

Zaqueu era um alto funcionário a serviço do Império Romano. Ele era publicano, e a Bíblia afirma que era muito rico. Os publicanos eram judeus nomeados para efetuarem a coleta de impostos para o imperador e eram, por isso, considerados traidores e odiados pelo povo. Uma prática muito usual entre os publicanos era a extorsão e a corrupção. Eles cobravam mais impostos do que era exigido e com isto faziam fortuna.

Em Lucas 19, está narrado que certa vez Jesus passava por Jericó, e Zaqueu desejou vê-lo. Como era de pequena estatura, não conseguia enxergar Jesus. Avistando uma árvore no caminho onde Jesus iria passar, subiu na mesma. Quando Jesus passava pela árvore, disse: *"Zaqueu, desça depressa, pois hoje me convém pousar em sua casa"*.

Jesus sabia que seria recriminado pelos judeus, pois os judeus não se comunicavam com os publicanos; porém, Jesus não se importava com o preconceito do povo. Ele sabia o desejo do coração de Zaqueu. Quando Jesus já estava em sua casa, Zaqueu declarou: *"Senhor, se tenho defraudado alguém, restituirei quadruplicadamente"*. Zaqueu foi tocado pela palavra de Jesus, demonstrou profundo arrependimento e disposição a reparar seus erros. Jesus deu a Zaqueu a oportunidade de começar uma nova vida, um novo assentamento individual.

No evangelho de João 8, está escrito que certa vez levaram a Jesus uma mulher apanhada em adultério. Os fariseus, querendo prová-lo, lhe perguntaram o que deveriam fazer. Jesus sabia que esta era digna de morte, pois a lei mosaica afirmava que as pessoas apanhadas em adultério deveriam ser apedrejadas. Jesus, olhando para eles, declarou: "Aquele que dentre vós estiver sem pecado, seja o primeiro que lhe atire pedra". Logo, todos os acusadores foram embora, e, quando não restava mais ninguém, ela olhou para Jesus, aguardando dele a condenação. Jesus disse a ela: *"Nem eu tampouco te condeno;* **vai e não peques mais"**. Em João 8.11, Jesus estava dizendo àquela mulher: estou lhe dando um novo assentamento individual, mantenha-o limpo, não erre mais.

Aproveite você também esta oportunidade que Deus lhe está dando. A primeira carta de João 1.9, declara: *"Se confessarmos os nossos pecados, ele (Jesus) é fiel e justo para nos perdoar os pecados e nos purificar de toda a injustiça"*.

Muitos policiais têm aproveitado esta oportunidade. Barbieri foi um deles.

Por volta do ano de 1992, ouvi falar do tenente Barbieri e de sua fama por conjugar o trinômio: mulheres, bebidas e noitadas. Quase no final do ano, recebi uma ligação telefônica de um colega de turma, solicitando que emprestasse minha casa de praia, para um congraçamento de encerramento de um curso de instrução de guarda-vidas, ministrado a cadetes da Academia do Barro Branco. Lá, tive a oportunidade de conhecer Barbieri.

Enquanto saboreávamos um delicioso churrasco, formamos uma roda de bate-papo, composta por cinco tenentes. Um dos assuntos abordados, entre outros, foi sobre os diversos relacionamentos amorosos vividos pelos respectivos oficiais ali presentes. Logo, um deles não se constrangeu em fazer-me a seguinte pergunta: "E você, Barreto, aqui em Ubatuba, com esta casa na praia, o que anda fazendo?" Respondi: "Minha primeira e única mulher de minha vida é a minha esposa, e estou vivendo muito feliz assim".

Sinceramente, eles não acreditaram. Pude perceber pelas gargalhadas que davam, chamavam-me de "mineirinho", mentiroso etc. Defendi-me, dizendo que não tinha motivo para mentir e que estava muito feliz por viver assim, pois estava livre do medo que os mesmos declararam que tinham da AIDS. Neste momento, todos ficaram sérios. Então, como percebi que não fui muito agradável para eles, resolvi levantar-me e dar um passeio na praia.

Enquanto caminhava, encontrei-me novamente com Barbieri. Logo me perguntou: "Então, você é monogâmico?" E lhe respondi: "sou". Ele me olhou com um olhar introspectivo e me disse: "Eu também gostaria de ser assim". Neste momento não lhe disse nada; apenas em espírito orei, pedindo a Deus que também lhe desse esta oportunidade.

Quatro meses após, encontrei-me com Barbieri, que, com um novo brilho nos olhos, informou-me ter tido um encontro com Cristo. Em outra ocasião, Barbieri me testemunhou que estava um certo dia com seu comandante, quando dois oficiais que reforçavam a Operação Verão, no litoral norte de São Paulo, reclamaram ao referido comandante: "Coronel, nós estamos mal acompanhados, porque o Barbieri não quer mais nos acompanhar para sairmos à noite". Aquele coronel olhou para os queixosos e disse-lhes: "Se vocês insistirem em convidá-lo para sair com vocês, vou lhes deixar presos, pois antes eu não confiava no Barbieri, mas, depois que ele se tornou cristão, tornou-se também um dos melhores oficiais sob meu comando". *"Havendo riscado o escrito de dívida que havia contra nós nas suas ordenanças, o qual nos era contrário, tirou-o do meio de nós, cravando-o na cruz".* (Colossenses 2.14)

Se você também quer de Deus um novo assentamento, assim como teve Barbieri, faça agora esta oração, de todo o seu coração.

"Senhor Jesus, sei que tenho Te desagradado com meu comportamento, porém desejo mudar minha vida. Reconheço que não tenho forças para mudar, por isso peço que Teu Espírito inunde meu ser. Perdoa-me e faça-me uma nova vida em Cristo Jesus, amém!"

Objetivo de Deus para a minha vida
Saber que no Senhor todas as coisas se fazem novas.

Oração
Senhor, agradeço-Te por Tua Palavra nos revelar que aqueles que estão em Cristo, são novas criaturas. Faz-me viver esta nova vida em Ti.

12. Uma nova chance

"Se confessarmos os nossos pecados, ele é fiel e justo para nos perdoar os pecados, e nos purificar de toda a injustiça". 1 João 1.9

Talvez você esteja consciente da necessidade de mudança em sua vida, mas sempre há uma pergunta que lhe intriga: "Será que para mim ainda há jeito?" Creio que alguém astuciosamente afirma em sua mente: "para ti não há mais jeito!"

Quero afirmar algo de Deus para a sua vida. *"Se alguém está em Cristo nova Criatura é, as coisas velhas já passaram, e eis que tudo se fez novo."* (2 Coríntios 5.17)

No ano de 1991, eu estava trabalhando no 20º Batalhão de Polícia Militar do Interior, que tem como área circunscricional o litoral norte do Estado de São Paulo. Estava naquela época classificado em São Sebastião e residia em Ubatuba.

Em meu retorno para minha residência, em companhia de outro oficial, dei carona para um policial, ao qual em minha narrativa o chamarei de João, para não identificá-lo.

Eu fui informado que João estava passando por um sério problema de relacionamento familiar e que fora surpreendido por sua esposa em uma situação meio embaraçosa. Sua esposa e filhos estavam revoltados. Suas roupas e demais pertences foram jogados para fora de casa e ele estava morando provisoriamente em uma edícula, nos fundos de sua casa.

João morava em Caraguatatuba. No caminho, quando comecei a indagar sobre seus problemas, ele resolveu se abrir, contando o que estava ocorrendo. Após ouvi-lo comecei a aconselhá-lo. Enquanto lhe falava como Jesus poderia auxiliá-lo a resolver seus problemas, ele me interrompeu e perguntou-me: "O que você sabe sobre problemas? Conheço sua família. Nunca teve que dar duro na vida, sua única preocupação era estudar. Entrou para a Academia e se formou oficial. Seus pais lhe amam, sua esposa lhe ama... Você não sabe o que é sofrimento! Minha vida é cheia de marcas, que você não pode entender. Como você pode afirmar que Jesus pode transformar minha vida?"

Neste momento lhe afirmei: "Você conhece muito pouco de minha história". Realmente, possuo uma vida feliz, porém só tornei-me feliz quando Jesus passou a fazer parte dela. Nasci em um lar onde não havia amor. Como um filho pode ser feliz quando não conhece o amor?

Meu pai era um próspero comerciante, porém vivia cercado de falsos amigos que o incentivavam a bebidas e prostituição. Mamãe lhe amava e não aceitava aquele comportamento desregrado, e isto era motivo para constantes discussões. Por diversas vezes presenciei meus pais se agredindo, e isto me trazia muito rancor. Tinha uma revolta por não aceitar o comportamento de meu pai.

Certa vez, em companhia de minha mãe, fui testemunha de um flagrante de adultério. Aquilo me deixou muito confuso e revoltado. Minha mãe, não suportando mais aquela situação, procurou abrigo em Jesus. No começo as coisas pioraram, pois meu pai passou a desprezá-la ainda mais; entretanto, após alguns anos, o testemunho dela fez com que Jesus alcançasse meu pai.

Se hoje eu sou feliz e tenho conquistado o que tenho, é porque minhas feridas foram curadas. Se Jesus não tivesse tirado a revolta que havia em meu coração, talvez eu hoje não estivesse na polícia, mas sim, no outro lado".

João me olhou e me disse: "Não conhecia esta sua história". A conversa demorou e já estávamos em Caraguatatuba. João desceu do carro, se despediu e me disse: "Para mim não há mais jeito. Estou em xeque-mate".

Neste momento ele retirou uma bala de revolver do cinturão e, mostrando-a, disse-me: "A resposta para os meus problemas está aqui". Prontamente, lhe respondi: "Isso não é verdade. Ainda que você esteja em xeque-mate, Jesus vira o tabuleiro e começa o jogo novamente".

No dia seguinte no batalhão, antes de começar o expediente, João entrou no alojamento onde estava vestindo a farda. Com os olhos cheios d'água, afirmou: "Eu não aguento mais, eu preciso que Jesus mude a minha vida". Eu estava no alojamento em companhia do tenente Silva, que também é cristão, e juntos oramos por João.

Após uma semana, recebi uma ligação telefônica

da esposa de João. Ela me perguntou o que eu e João havíamos planejado para tentar enganá-la. Informei-a que não havia planejado nada, apenas que João havia aberto seu coração à Palavra de Deus e que Jesus poderia fazer dele um novo homem.

Ela com ironia me respondeu: "Então ele está tentando nos enganar, porém a mim ele não mais engana, já dei-lhe três chances e não acredito mais nele". Respondi que não estava pedindo nada e somente o tempo poderia nos provar se realmente João estava sendo sincero.

Após um mês, fui transferido para a Polícia Florestal e fui comandar um pelotão sediado em Ubatuba. Passado um ano, fui convidado para um casamento de um policial militar, em São Sebastião. Ao chegar na festa, fiquei surpreso em ver João em companhia de sua esposa. Aproximei-me da mesa onde estavam e os cumprimentei. A esposa de João levantou-se e me abraçou, dizendo-me: "Barreto, após mais de vinte anos de casamento, somente agora posso dizer que sou feliz".

Se você quer esta chance, basta se render a Jesus e dizer: "Senhor, eu preciso de uma nova vida. Entre no meu coração e me ensine a viver".

Objetivo de Deus para a minha vida
Reconhecer que em Cristo, o nosso passado foi lançado no mar do esquecimento.

Oração
Senhor, agradeço-Te pelo Teu perdão e pela oportunidade de uma nova vida em Teus caminhos.

13. Um preparo indispensável

"Bendito seja o SENHOR, minha rocha, que ensina as minhas mãos para a peleja e os meus dedos para a guerra". Salmo 144.1

Como instrutor no estágio de aperfeiçoamento profissional para oficiais, na região do Comando de Policiamento de Área do Interior/1, procuro explicar que não nos basta termos o preparo intelectual, físico e psicológico para o bom desempenho de nossa missão. Algumas das decisões tomadas pelo policial terão que ser tomadas em frações de segundos. Neste momento, é necessário algo mais do que todo o conhecimento policial.

O sábio rei Salomão declarou: *"Se o Senhor não guardar a cidade, em vão vigia o sentinela".* (Salmos 127.1) Embora tenha tido um reinado de paz, Salomão ouvira de seu pai, o rei Davi, suas histórias como general de Israel, onde obteve vitórias, não dependendo exclusivamente de suas estratégias militares, mas de sua confiança no Senhor dos Exércitos de Israel.

Recentemente, assisti na televisão a uma entrevista com um policial que foi salvo de um tiro de um revólver calibre 38, por uma caneta Bic. É certo que uma caneta Bic não consegue suportar um tiro de calibre 38. E como explicar este milagre?

São inúmeras as histórias de policiais salvos milagrosamente. Creio que a única explicação é que o Senhor Deus, além de guardar a cidade, também tem guardado os sentinelas.

Creio que, se em nosso viver diário, mantivermos uma comunhão com o Criador, teremos então maior facilidade e confiança para desempenhar nossa missão como sentinelas das cidades. Sendo assim, julgo mister acrescentar ao preparo profissional o preparo espiritual, para darmos maior confiança ao policial. *"Os que confiam no Senhor são como o monte de Sião, que não se abala, mas permanece para sempre."* (Salmos 125.1)

Em minha vida como policial, tive várias ocasiões onde pude sentir Deus ajudando-me a desempenhar minha missão, porém houve uma experiência que marcou minha vida, e quero compartilhar esta experiência.

No início do ano de 1995, estava comandando um pelotão da Polícia Florestal em Ubatuba-SP, quando recebi determinação para efetuar uma ronda em todos os destacamentos da 3ª Companhia do 3º Batalhão de Polícia Florestal e de Mananciais, companhia esta que é responsável pelo policiamento florestal em todo litoral norte do Estado de São Paulo.

Retornando da ronda ao destacamento de Juqueí, no município de São Sebastião, em companhia do soldado Júnior, que naquela data era meu motorista, ao passarmos por um ponto de ônibus no bairro do

Toque-toque, naquele mesmo município, deparamos com um tumulto em um ponto de ônibus. Parando para ver o que ocorria, observei que uma mulher debatia-se no chão, e parecia estar sendo sufocada, pois colocava a mão no pescoço para tentar respirar e estava semiconsciente, aparentando estar sofrendo de um ataque epilético.

Ao iniciar uma análise primária na vítima, dois homens foram tentar levantar a mulher e ao mesmo tempo gritavam comigo: "Socorre, socorre!" Argumentei com os mesmos que eu possuía curso de pronto-socorrismo no Corpo de Bombeiros (RESGATE), e que não adiantaria socorrer a vítima sem saber o que estava acontecendo, pois a mesma poderia estar entalada e vir a morrer durante o transporte até o pronto-socorro.

Enquanto verificava as vias respiratórias daquela senhora e checava as pulsações, senti um impulso de orar por ela e, prontamente, coloquei as mãos na cabeça da mesma e disse: "Espírito de enfermidade, eu te repreendo em nome de Jesus!". Imediatamente aquela mulher abriu os olhos e perguntou-me: "onde estou?" E eu lhe respondi: "A senhora estava sendo sufocada, mas Jesus a libertou". Ela se ajoelhou naquele ponto de ônibus e começou a gritar: "Obrigado Jesus! Obrigado Jesus!"

Talvez você também venha a se deparar, em sua missão como policial, com situações em que todo o seu conhecimento profissional não seja suficiente para resolver o problema ou ao menos entendê-lo.

Quero informar que, assim como recebemos poder e autoridade para exercemos nossa missão, Deus também quer capacitar-nos com seu poder, para podermos vencer todo o mal.

Objetivo de Deus para a minha vida

Saber que em Deus obtemos ferramentas indispensáveis para o cumprimento de nossa missão.

Oração

Senhor, dai-me habilidades e competência para cumprir com esmero a minha missão.

---

14. A participação da Igreja no Policiamento Comunitário

"Vós sois o sal da terra; e se o sal for insípido, com que se há de salgar? Para nada mais presta senão para se lançar fora, e ser pisado pelos homens". Mateus 5.13

O reverendo John Stott, em seu livro *"O cristão em uma sociedade não cristã"*, faz uma reflexão sobre a necessidade da igreja participar de atividades comunitárias e sociais e declara[1]:

"É realmente estranho que em algum momento da vida os seguidores de Jesus tenham chegado ao ponto de perguntar se tinham algo a ver com o engajamento social, e assim algumas controvérsias sobre a relação entre evangelismo e responsabilidade social tenham surgido. Afinal de contas, é evidente que no seu ministério público Jesus percorria ensinando e pregando (Mateus 4.23; 9.35), e que ele andou por toda a parte, fazendo o bem e curando (Atos 10.38). Consequentemente, a evangelização e a responsabilidade social sempre tiveram uma relação íntima durante toda a história da Igreja. Os cristãos sempre estiveram naturalmente engajados nas duas atividades, sem sentir qualquer necessidade de definir porque agiam dessa maneira."

---

1 STOTT,1989, p. 17.

Jesus Cristo deixou exemplos de como queria que fosse o procedimento de seus discípulos e de sua igreja. Ele demonstrou preocupação com as pessoas individualmente e também com as comunidades. Ele deu alimento a multidões demonstrando sua preocupação na área da assistência social. Curou leprosos, demonstrando preocupação com o ser humano, a saúde e a salubridade pública. Libertou a região de Gadara da opressão causada pelos atos violentos de um homem oprimido por demônios, demonstrando assim sua preocupação com a segurança pública.

Os exemplos de Jesus impactaram seus discípulos e observamos que a igreja primitiva tinha uma grande preocupação com os problemas sociais. Naquela época, as cidades não tinham uma administração municipal organizada para socorrer as necessidades de assistência social. Coube à igreja o cuidado com o socorro às necessidades de alimento aos pobres, órfãos e viúvas.

A Bíblia registra no livro de Atos dos Apóstolos que o cuidado com os necessitados foi tratado com tanta eficiência que:

> "Não havia, pois, entre eles necessitados algum; porque todos os que possuíam herdades ou casas, vendendo-as, traziam o preço do que fora vendido, e o depositavam aos pés dos apóstolos. E repartia-se a cada um, segundo a necessidade que cada um tinha". (Atos 4.34-35)

Vemos assim que a igreja primitiva tinha a visão da necessidade comunitária. Devemos orar para que a igreja volte a ter a visão da necessidade comunitária. Qual a necessidade comunitária que a igreja atende hoje? Será que estamos fazendo algo para minimizar os problemas da falta de moral no seio familiar e da sociedade? Estamos fazendo algo para evitar a violência familiar? Temos uma proposta para dar atendimento às necessidades educacionais? Auxiliamos no combate às drogas e na prevenção do uso, ou ao menos socorremos aos que querem se libertar dos vícios?

No I Congresso Internacional de Polícia Comunitária, realizado em São José dos Campos, tivemos a palestra do capitão Claude Papinoaut, da Polícia Canadense. Ele nos informou que após dez anos da implantação do policiamento comunitário, conseguiram reduzir os índices criminais numa média de vinte por cento, na área de seu município. Relatou que o grande segredo do sucesso foi a implantação de grupos comunitários para o atendimento às necessidades comunitárias. Dentre os diversos grupos implantados, o que mais se destacou foi o grupo de atendimento aos problemas de violência familiar.

Explicou o comandante Claude que em cada lar onde ocorre frequentemente violência entre os casais, normalmente, há uma criança que é vítima dessa violência e que se não for socorrida, crescerá num ambiente suscetível às drogas, à falta de educação sadia e aos demais problemas de degeneração familiar. Logo que este menor crescer, poderá se tornar mais um problema de violência para a sociedade.

Para evitar esse problema de violência familiar e socorrer a criança vítima do conflito familiar, todas as vezes que um policial do comandante Claude atende uma ocorrência de desentendimento entre casais, esta ocorrência é encaminhada para o grupo de atendimento às necessidades comunitárias que designa pessoas para visitar este casal e verificar qual a solução para evitar a violência familiar. Neste grupo, há assistentes sociais, psicólogos, pastores, educadores etc.

Sabemos que a polícia não tem a solução para todos os problemas de violência. Porém, quando polícia e comunidade se unem para atender as necessidades comunitárias, podem encontrar um caminho para inibir a violência. Vejo nessa proposta uma grande oportunidade para a Igreja agir.

O maior exemplo de amor ao próximo ensinado por Jesus na Bíblia, foi de uma pessoa que tinha a visão de polícia comunitária. O bom samaritano não ficou confabulando para saber de quem era a missão do socorro à vítima do assalto. Ele não parou para criticar as autoridades que haviam passado pelo local e deixado de socorrer a vítima. Ele a socorreu e a colocou em local seguro.

Este mundo está cheio de pessoas dispostas apenas a apontar problemas. Necessitamos de bons samaritanos, pessoas dispostas a resolver os problemas. Isto é amor ao próximo. Esta é a missão da Igreja.

Objetivo de Deus para a minha vida
Buscar parcerias para abençoar o próximo.

Oração
Senhor, desperte nossa sociedade para colaborar com nossa difícil missão.

15. A missão da Igreja para com a Polícia

"Todos os santos vos saúdam, mas principalmente os que são da casa de César". Filipenses 4.22

Como igreja de Cristo, sabemos que temos uma missão para com os povos e as nações. Mas será que Deus tem um plano específico para com determinada instituição? Teria Deus um plano específico para o policial? Creio que sim.

Em sua epístola aos Filipenses, o apóstolo Paulo escreve-nos que teve a oportunidade de levar o Evangelho ao conhecimento de toda Guarda Pretoriana. *"Tradicionalmente tem se alegado que essa prisão é a de Roma. Há uma referência a Guarda Pretoriana (1.13), que naturalmente se entende como referência à que estava baseada em Roma. Ali Paulo morava em sua casa alugada, tendo um soldado a guardá-lo."*[1]

A Guarda Pretoriana era a guarda pessoal do Imperador romano e também cuidava da segurança de Roma. *"A Guarda Pretoriana do Império, formada originalmente por nove coortes, e que foi constituída por Augusto, em 27 a.C. Essa era uma espécie de corpo de elite, que pro-*

---
1 D. A. CARSON, 1997, p.351

via uma proteção especial e uma força ostensiva, a fim de ajudar a manter a boa ordem. Uma coorte usualmente consistia em quinhentos soldados." [2]

Observamos pela afirmação de Champlin, que a Guarda Pretoriana exercia, entre outras missões, a atividade de policiamento na capital do império romano.

Quando Paulo estava preso em Roma, o imperador era Nero e os cristãos eram tímidos em pregar a Palavra de Deus, pois eram perseguidos e presos. Durante os anos em que o apóstolo Paulo esteve em Roma, aguardando seu julgamento, foi escoltado pela Guarda Pretoriana. Paulo não perdia nenhum momento para compartilhar com os soldados a sua experiência com Deus:

> *"E quero, irmão, que saibais que as coisas que me aconteceram contribuíram para maior avanço do evangelho. De maneira que as minhas cadeias, em Cristo, se tornaram conhecidas de toda a guarda pretoriana e de todos os demais."* (Filipenses 1.12-13)

Durante os anos em que esteve preso em Roma sob escolta, Paulo pôde tornar-se profundo conhecedor dos problemas e ansiedades dos soldados, e podia compartilhar vários assuntos, entre eles a Palavra de Deus.

Vemos uma grande lição para a Igreja, na prisão do apóstolo Paulo. Somente poderemos alcançar êxito na evangelização de uma determinada instituição, se nos fizermos cativos destes. Devemos com-

---

2 CHAMPLIN, 1991, p.376.

partilhar seus interesses, ansiedades, emoções, frustrações, objetivos etc.

Felizmente, com o advento do policiamento comunitário, já vemos vários pastores e igrejas se envolvendo nas comissões de bases comunitárias, em conselhos comunitários de seguranças etc.

Como igreja de Cristo, devemos sair detrás dos púlpitos e exercer a missão que Cristo nos ordenou: sermos sal e luz. A luz só será útil se estiver em local onde possa ser visível e o sal só será útil se for misturado ao alimento ao qual se quer dar sabor.

> **Objetivo de Deus para minha vida**
> Reconhecer que como igreja, temos uma missão para com toda a sociedade.
>
> **Oração**
> Senhor, desperte a Tua Igreja para que ela possa fazer a diferença em nossa sociedade.

16. Livre de um assalto

"O anjo do SENHOR acampa-se ao redor dos que o temem, e os livra." Salmos 34.7

No ano de 1999, fui a pedido do saudoso coronel e pastor Paulo de Tarso, representar a Associação dos PMs de Cristo, em um culto de ação de graças em uma igreja no bairro de Novo Horizonte, São José dos Campos, cidade onde resido.

Após o final do culto, fui abordado por um adolescente que beirando uns 13 a 14 anos, disse-me que tinha um recado de Deus para mim. Informou-me que havia uma coluna à minha direita e outra à minha esquerda, e um escudo à minha frente. Falou-me ainda que eu seria cercado por uma quadrilha e era para eu não temer, pois Deus estaria me livrando e nada aconteceria comigo.

Fui para casa meditando no recado dado por aquele garoto, e confesso-lhe que fiquei muito incrédulo, pois, além da pouca idade daquele garoto, eu havia sido apresentado como policial e julguei que seria muito óbvio afirmar que um policial viria a se confrontar com marginais.

Chegando em casa, comentei o acontecido com minha esposa e confessei a ela minha incredulidade quanto ao recado dado pelo jovem e, imediatamente, ela olhando para mim afirmou: "Vigie e ore, pois o Senhor falou contigo!"

Confesso que imediatamente um temor se apossou de meu coração a ponto de meu batimento cardíaco acelerar.

Naquele ano, estava fazendo um curso em São Paulo e como moro em São José dos Campos, viajava todos os dias. Numa sexta feira, recebi um convite do Capitão Terra para comparecer ao culto do sétimo aniversário dos PMs de Cristo, e informou-me que havia alguns policiais que haviam comprado meu livro e gostariam que eu os autografasse.

Permaneci para participar do culto e por volta das 21h30 o Capitão Terra me deu uma carona até a rodoviária do Tietê. Antes de desembarcar do carro, Terra orou pela minha viagem, abençoando a mim e a todos os passageiros do ônibus.

Embarquei no ônibus das 22h destino a São José dos Campos e no início da viagem apanhei o Novo Testamento dos Gideões Internacionais e comecei a ler 2 Coríntios. Li do capítulo primeiro ao sexto, porém quando lia o capítulo primeiro, meu coração começou a arder enquanto refletia no texto, quando Paulo nos afirma que as nossas tribulações servem para consolarmos aqueles que porventura estiverem passando pelas mesmas tribulações.

Após o primeiro pedágio da rodovia Airtom Senna, três jovens levantaram e de armas em punho anunciaram que era um assalto. O primeiro assaltante rendeu o motorista e permaneceu todo o tempo ao seu lado. Rapidamente os outros dois assaltantes foram recolhendo todos os celulares e dinheiro, e após, começaram a revistar todas as bolsas e apanhar aquilo que lhes convinha. Avisaram que se encontrasse algum policial eles iriam matar, e que se havia ali algum policial, era para se manifestar, e se estivesse armado era para entregar a arma, pois se encontrassem algumas armas eles também iriam matar aquele que a portava.

Eu não estava armado, mas na minha carteira estava minha funcional da polícia e meu holerite, e imaginei que se eles encontrassem, iriam me matar mesmo, sendo assim me calei e não me identifiquei. Um dos marginais apontando a arma no meu peito, perguntou onde estava minha carteira e levantando o Novo Testamento, falhei-lhe que primeiramente queria lhe entregar o Novo Testamento. Ele afastou o revólver do meu peito e perguntou o que era aquilo, e lhe afirmei que era a Palavra de Deus. Ele me perguntou se eu era crente e lhe afirmei que eu era um servo do Senhor Jesus Cristo.

Naquele momento, ele me pediu desculpas e falou para os seus amigos: "Não mexe com este aqui, pois ele é crente". Aqueles assaltantes ficaram uns quarenta minutos no ônibus e levaram quatro bolsas cheias de produtos roubados. Porém, não me roubaram e também não roubaram as pessoas que estavam na minha direita nem na minha esquerda, cumprindo-se aquilo que Deus havia me falado pela instrumentalidade daquele adolescente.

Após os assaltantes deixarem o ônibus, começou uma gritaria e choradeira, e imediatamente me levantei dizendo às pessoas que não ficassem desesperadas, pois Deus havia preservado todas as vidas e apenas havíamos perdido bens materiais, afirmei que iria orar agradecendo a Deus pelas nossas vidas, e uma pessoa gritou que eu não iria orar coisa nenhuma.

Neste momento um jovem bem forte se levantou próximo daquela pessoa, dizendo: "Ele vai orar sim!" E olhando para mim disse: "Ora aí pastor!"

Agradeci pelas nossas vidas, pelos nossos familiares, esposas e filhos que iríamos encontrar. Pedi que Deus restituísse em dobro tudo aquilo que havia sido roubado.

Além de ser preservado de todo e qualquer dano, ainda pude testemunhar a todos a misericórdia de Deus. Aleluia!

Objetivo de Deus para minha vida
Saber que Ele é poderoso para guardar nossas vidas.

Oração
Senhor, agradeço-Te por ter guardado minha vida de todo perigo, reconheço Sua proteção sobre mim e sei que se algo de mal me ocorrer, foi por Tua permissão e, portanto, não irei murmurar, pois sei que todas as coisas cooperam para o bem daqueles que amam a Deus.

17. É tempo de graça para o desertor

"Pela graça sois salvos, por meio da fé, e isso não vem de vós, é dom de Deus". Efésios 2.8

Creio que a doutrina da graça, seja a de mais difícil entendimento de todas as doutrinas cristãs. Talvez porque a grande maioria das religiões impõe um monte de obrigações para que o homem seja salvo. Outras, por sua vez, acreditam que somente haverá salvação para o homem após várias reencarnações.

A Bíblia nos ensina que: *"Aos homens está ordenado morrerem uma vez, vindo depois disso o juízo"*. (Hebreus 9.27) Portanto, só há uma esperança para o homem: a graça que Deus nos propiciou através de Jesus Cristo.

A primeira resposta de Deus ao pecado do homem foi o oferecimento da graça ao declarar que da semente da mulher sairia alguém que feriria a cabeça da serpente (Gênesis 3.15). David Tripp nos afirma que "a graça é o vergalhão de aço que reforça e se entrelaça ao concreto da história bíblica."

Mas o que é a graça? A graça é o benefício concedido por Deus a nós, pelo qual Ele nos perdoa de todos os nossos pecados. A Bíblia afirma que: *"Todos pecaram e destituídos estão da glória de Deus; Sendo justificados gratuitamente pela sua graça, pela redenção que há em Cristo Jesus"*. (Romanos 3.23-24)

A justificação é a obra de Deus na qual a retidão de Jesus é imputada ao pecador, e assim, o pecador é declarado por Deus como íntegro diante Dele. Percebemos, assim, que a graça é, portanto, um atributo jurídico que faculta uma indulgência ao transgressor de uma lei.

No código penal militar (ao qual se subordinam todos os policiais militares) temos a descrição do crime de deserção, e este tipo penal militar, nos dá um fácil entendimento do que é a graça. Descreve o Artigo 187 do CPM que incorre em deserção o militar que: "ausentar-se, sem licença, da unidade em que serve, ou do lugar em que deve permanecer, por mais de oito dias".

Este período de oito dias que o ausente dispõe legalmente para retornar para o quartel em que serve, sem responder pelo crime de deserção, dá-se o nome de "tempo de graça", ou seja, o legislador criou um "tempo de graça" (um período de indulgência), para beneficiar o ausente que se arrepende dentro do prazo legal, sem lhe imputar o crime de deserção.

Espiritualmente, também foi isso que Deus nos fez. Todos nós estávamos ausentes da Casa do Pai, nossa caserna espiritual, mas Deus nos concedeu um tempo de graça para que pudéssemos retornar ao Quartel de Deus, sem sermos condenados. Isaías já profetizara a respeito dessa graça há aproximadamente 600 anos antes de Cristo: *"Todos nós andávamos desgarrados como ovelhas; cada um se desviava pelo caminho, mas o SENHOR fez cair sobre ele a iniquidade de nós todos".* (Isaías 53.6)

Deus impôs um preço muito alto para que fôssemos alcançados pelo "tempo de graça". Toda nossa culpa, toda a nossa iniquidade foi imposta a Jesus Cristo – o Cordeiro de Deus que tira o pecado do mundo. Mas se Deus imputou a Jesus todo o pecado da humanidade, porque então, todos os homens não são alcançados pela graça de Cristo?

Para melhor facilitar a compreensão da graça de Deus, citamos alguns entendimentos a respeito da graça como favor jurídico, por parte de renomados doutrinadores do direito.

Noronha nos ensina que *"a graça é espécie da indulgência de ordem individual, pois só alcança determinada pessoa e não a fato, sendo semelhante ao indulto individual"*.[1]

Para Mirabete[2], enquanto o indulto é uma medida jurídica de caráter coletivo, *"a graça, forma de clemência soberana, destina-se a pessoa determinada"*.

Delmanto[3] nos ensina que há uma diferença técnica entre o indulto e a graça: *"A graça é em regra individual e solicitada, enquanto o indulto é coletivo e espontâneo"*.

Verificamos então, pelo ensino desses grandes mestres do direito, que a graça, como benefício jurí-

---

[1] Noronha, p. 401.
[2] Mirabete, p. 366.
[3] Delmanto, p. 165.

dico, é um indulto individual e concedido, tão somente, mediante solicitação.

Muito semelhante à graça jurídica é, portanto, a graça da salvação. Enquanto a primeira é solicitada, a segunda é uma declaração de fé.

O apóstolo Paulo escrevendo aos Romanos nos esclarece a maneira formal de se alcançar o benefício da graça de Jesus Cristo:

> *"Se, com a tua boca, confessares Jesus como Senhor e, em teu coração, creres que Deus o ressuscitou dentre os mortos, serás salvo. Porque com o coração se crê para justiça e com a boca se confessa a respeito da salvação. Porquanto a Escritura diz: Todo aquele que nele crê não será confundido. Pois não há distinção entre judeu e grego, uma vez que o mesmo é o Senhor de todos, rico para com todos os que o invocam. Porque: Todo aquele que invocar o nome do Senhor será salvo".* (Romanos 10.9-13)

Portanto, cada indivíduo deste planeta, só será alcançado pala graça de Deus a partir do momento que confessar formalmente que crê no grande benefício que nos foi concedido gratuitamente pela graça, através do sacrifício de Cristo por nós na cruz.

Você quer ser alcançado pela graça de Deus ou vai ficar aguardando o dia do grande julgamento, onde não haverá esperança para aqueles que rejeitaram a mensagem da graça de Jesus Cristo? O escritor aos hebreus nos faz a seguinte advertência: *"Como escaparemos nós, se negligenciarmos tão grande salvação? A qual, tendo sido anunciada inicialmente pelo*

Senhor, foi-nos depois confirmada pelos que a ouviram". (Hebreus 2.3)

Hoje é o tempo oportuno para recebermos esta tão grande salvação e tão grande benefício, pois aqueles que pela fé invocam a Deus solicitando sua salvação pela graça, alcançam esta promessa: *"agora, pois, já nenhuma condenação há para os que estão em Cristo Jesus".* (Romanos 8.1)

Objetivo de Deus para minha vida
Ser alcançado pela graça de Jesus Cristo.

Oração
Se você deseja ser alcançado pela graça de Cristo, faça esta oração:

"Senhor meu Deus. Eu reconheço que sou pecador, mas creio pela fé, que a Tua misericórdia, manifesta na cruz através de Jesus Cristo, é poderosa para perdoar todos os meus pecados, e eu clamo a Ti e Te invoco de todo o meu coração, solicitando que escreva meu nome no livro onde estão registrados os nomes de todos aqueles que foram alcançados pela Tua maravilhosa graça.

Eu peço isto em nome de Jesus Cristo e que assim seja. Amém!"

Assinatura:_____
Data:___/___/___

18. Um policial de Cristo

"Sofre, pois, comigo, as aflições, como bom soldado de Jesus Cristo". 2 Timóteo 2.3

O que significa ser um policial de Cristo? Muitos acham que o policial de Cristo é aquele policial que é útil apenas para os serviços administrativos, relações públicas, corpo musical ou outro qualquer serviço onde não haja confronto com a violência. Você está plenamente enganado se este é o seu conceito do policial cristão.

A definição do policial de Cristo é: *aquele policial verdadeiramente comprometido com a Palavra de Deus*. Ele é manso e humilde de coração, pois Jesus ensinou aos seus discípulos: *"Aprendei de mim, pois sou manso e humilde de coração"*. (Mateus 11.29)

Porém, se preciso for, ele usará a força necessária para que a ordem seja restabelecida. Quando Jesus entrou no templo e viu o que os cambistas tinham feito da casa de Deus uma "casa de negócios", fez um chicote e expulsou do templo aqueles que transformavam a casa de Deus em covil de ladrões. O sábio rei Salomão ensinou que *"o açoite é para o cavalo, o freio para o jumento e a vara para as costas do tolo"*. (Provérbios 24.3)

O policial de Cristo é comprometido com a verdade e a luta contra a mentira, pois Jesus ensinou que o diabo é o pai da mentira.

Ele também é um soldado destemido a favor do bem, na luta contra o mal, buscando, a cada dia, mais sabedoria em Deus para estar melhor capacitado para a luta. O grande rei Davi, buscando sabedoria para lutar contra os inimigos do povo de Deus, clamou: *"Bendito seja o Senhor, minha rocha, que adestra as minhas mãos para a peleja e os meus dedos para a guerra"*. (Salmos 144.1)

Certa vez, li em um jornal uma reportagem que falava sobre o trabalho de policiais evangélicos. Pude perceber, na entrevista de um certo comandado de um oficial evangélico, o seu desconhecimento do que é ser um policial de Cristo. Em sua entrevista, ao ser perguntado o que achava de ser comandado por um oficial evangélico, este declarou: "Acho que realmente ele não vive o que fala, pois já me aplicou uma punição".

Podemos ver que, pela fala do policial, ele acha que o policial de Cristo deve ser um policial "bonzinho". O próprio Jesus refutou este termo, quando foi chamado de "bom Mestre" pelos fariseus. Como policiais de Cristo, não devemos ter o compromisso de sermos "bonzinhos", mas, sim, justos.

Eu concordaria com aquele policial se, ao reclamar de seu comandante, ele se justificasse, declarando que foi punido injustamente. Porém, não foi esta a sua reclamação, pois esta se consistia no fato de ser punido. Realmente, não é motivo de satisfação aplicar uma punição; prefiro aplicar elogios. Mas, não devemos nos esquecer de que a disciplina é indispensável. *"O que ama a disciplina ama o conhecimento, mas o que odeia a repreensão é estúpido".* (Provérbios 12.1)

A Bíblia ensina que o pai deve repreender o filho que ama. Este é o princípio do regulamento disciplinar. A punição não visa só a castigar o transgressor, mas sim, trazê-lo à disciplina.

O policial de Cristo nunca deve esquecer que seus atos precisam ser pautados nos princípios da justiça. A Bíblia ensina*: "A balança enganosa é abominação para o Senhor".* (Provérbios 11.1) Ser uma balança enganosa significa usar dois pesos e duas medidas, significa ser injusto. Livremo-nos de sermos injustos para não sermos abomináveis aos olhos de Deus.

Orgulho-me por ser um policial de Cristo. Agradeço a Deus por ter me dado a oportunidade de pertencer às fileiras da Polícia Militar do Estado de São Paulo; vejo nela um grande campo missionário e tenho liberdade para testemunhar e falar de Jesus.

Quando ainda era cadete na Academia de Polícia Militar do Barro Branco, no comando do coronel Carvalho, sugeriu este comandante que os cadetes criassem grêmios que reunissem pessoas que tivessem hobby e atividades afins. Assim, foram criados grêmios de esportes, cavalaria etc. Aproveitando esta oportunidade dada por Deus, e com o grande apoio do então major Paulo de Tarso, criamos o "Grêmio Evangélico", do qual tive a satisfação de ser o primeiro presidente, tendo como vice o, então cadete, Alexandre Marcondes Terra, meu grande amigo e irmão em Cristo.

Naquela época, o então major Paulo de Tarso, nosso "capelão *ad hoc*", compartilhava conosco seu sonho de termos um dia uma associação que congregasse todos os policiais militares evangélicos. Orávamos por isto, e tenho certeza de que este também era o sonho de outros irmãos que se reuniam em outras unidades. E sendo este um projeto do Grande General Jesus Cristo, foi criada em 25 de junho de 1992 a APMESP (Associação dos Policiais Militares Evangélicos do Estado de São Paulo).

Os objetivos da APMESP, conforme seu estatuto são:

* Prestar assistência espiritual, familiar e social;
* Difundir o Evangelho de Jesus Cristo e a Palavra de Deus no meio policial militar;
* Estimular e motivar o PM a viver um cristianismo autêntico;
* Socorrer aos "feridos de guerra";
* Proporcionar atividades sociais, culturais, recreativas e beneficentes;
* Ser órgão representativo dos evangélicos junto ao comando da corporação.

Peço que você esteja orando pela Diretoria da APMESP e por todos os associados, para que possamos cumprir estes objetivos estabelecidos.

Gostaria que você também estivesse orando para que Deus esteja destruindo os principados e demais forças do mal que procuram de todas as maneiras maniatar[1] a Polícia, a fim de que ela não cumpra seu divino papel na sociedade. Se você é jovem, está procurando uma carreira e é verdadeiramente compromissado com a Verdade, faço-lhe o desafio de servir num lugar onde se sentirá duplamente um servo de Deus. Venha ser um policial de Cristo!

Objetivo de Deus para minha vida
Colocarmo-nos a inteiro dispor do nosso General Jesus Cristo.

Oração
Senhor, ofereço a Ti minha vida, faz de mim um bom soldado que honre o Teu santo nome.

---

1 Castrar a possibilidade de ação; constranger.

Referências Bibliográficas

CHAMPLIN, Russel Norman; BENTES, João Marques. *Enciclopédia de Bíblia, Teologia e Filosofia*, Vol. 5. São Paulo: Editora Candeia, 1991.

D. A. CARSON; DOUGLAS J. Moo; LEON Morris. *Introdução ao Novo Testamento*, São Paulo: Edições Vida Nova, 1997.

DELMANTO, Celso. *Código Penal Comentado*. 3 ed., atualizada e ampliada por Roberto Delmanto. Rio de Janeiro: Renovar, 1991.

MIRABETE, Júlio Fabbrini. *Manual de Direito Penal*. volume 1, São Paulo: Editora Atlas, 1986.

NORONHA, Edgard Magalhães. *Direito Penal*. V.1. São Paulo: Saraiva, 1978.

STOTT, John R. W. *O cristão em uma sociedade não Cristã*. Itajaí: Editora Vinde, 1989.

Bíblias

Os versículos bíblicos citados neste livro foram compilados das três traduções bíblicas, relacionadas abaixo, procurando trazer uma tradução que melhor interpretasse o texto proposto.

THOMPSON, Frank Charles. *Bíblia de Referências.* Edição contemporânea, São Paulo: Editora Vida, 1992.

Bíblia Sagrada, revista e atualizada no Brasil, 2ª edição, Sociedade Bíblica do Brasil, São Paulo, 1993.

Bíblia Viva. São Paulo: Editora Mundo Cristão, 1990.

Diagramação: Julio Cesar Silva
Fontes: Bookman Old Style
Impressão: Gráfica Exklusiva
Ano: outubro de 2021